주저앉는 일본, 부활하는 일본

소장학자들의 새로운 시선

도서출판 윤성사 158

주저앉는 일본, 부활하는 일본
소장학자들의 새로운 시선

제1판 제1쇄   2022년 6월 20일

지 은 이   진창수·이창민·이기태·임은정·윤석정·서주희·이수훈·이창주·황인정·박형준
펴 낸 이   정재훈
디 자 인   안미숙

펴 낸 곳   도서출판 윤성사
주   소   서울특별시 서대문구 서소문로 27, 충정리시온 제지층 제비116호
전   화   대표번호_02)313-3814 / 영업부_02)313-3813 / 팩스_02)313-3812
전자우편   yspublish@daum.net
등   록   2017. 1. 23

ISBN 979-11-91503-70-8 (03350)
값 13,000원

ⓒ 진창수·이창민 외, 2022

저자와의 협의에 따라 인지를 생략합니다.

이 책의 전부 또는 일부 내용을 재사용하려면 반드시 사전에 저작권자와
도서출판 윤성사의 동의를 받아야 합니다.

잘못 만들어진 책은 구입하신 서점에서 교환 가능합니다.

주저앉는 일본,
부활하는 일본

소장학자들의 새로운 시선

진창수·이창민·이기태·임은정·윤석정·석주희
이수훈·이창주·황인정·박형준

머리말

일본 연구의 새로운 지평을 열자

진창수
(세종연구소 일본연구센터장)

1. 문제 제기

이 연구는 한국의 소장학자들이 일본을 새롭게 바라보고자 하는 의도에서 기획됐다. 일본 연구는 시대적인 문제 의식을 바탕으로 부정적인 특수성을 강조하는 연구 방법에서 보편성을 강조하는 연구 방법으로 점차 변화돼 왔다. 일본 연구가 그 시대적인 흐름에 부합하기 위해 많은 고민을 한 것은 당연하다.

일본 연구의 역사를 되돌아보면 전후부터 1980년까지의 일본 연구는 인문학적인 지식에 의거한 특수론적이고 인상론적인 분석에 치우치는 경향이 있었다. 넓은 의미에서 일본에 대한 관심과 탐구는 대학 이외의 저널리즘이나 재야 학자, 작가 등에 의해서도 수행돼 왔지만, 한국의 역사적인 특성으로 인해 일본 제국주의 비판이나 순수한 일본어, 일본문학을 제외하고는 일본 자체에 대한 학문적인 연구는 기피해 온 것이 사실이다. 그리고 그 당시에는 일본 제국주의 시대의 역사 청산 문제가 여전히 존재했기 때문에 일본 자체를 냉정하게 분석하고 이해하려는 움직임은 현실적인 제약을 가질 수밖에 없었다.

1980년대 이후 일본이 세계 제2의 경제대국으로 등장함에 따라 학계와 매스컴에서 일본을 바라보는 인식이 변화했다. 즉, 민간의 활발한 교류, 기업 간의 협력, 그리고 일본의 경제 성장에 따른 한국 내 일본 수요의 증가 등으로 실무적인 관심에서 일본을 이해하려는 움직임이 나타나기 시작한 것이다. 1980년대에는 한국 특유의 일본

제국주의에 대한 부정적인 인식이 그대로 남아 있었지만, 한편에서는 일본의 경제 성장 성공 사례를 교훈으로 받아들여야 한다는 주장도 나왔다. 이처럼 1980년대에는 일본에 대한 상호 모순된 인식이 표출되면서 일본을 둘러싼 다양한 논의가 시작된 시기이기도 했다. 1980년대 일본에 대한 관심이 증가하면서 일본 연구가 양적인 성장을 한 것은 사실이다. 그렇지만 그 당시 일반적인 일본에 대한 논의는 저널리즘에서 나타난 '일본은 있다', '일본의 없다'의 논쟁 수준에서 크게 벗어나지 못했다. 따라서 1980년대는 이전의 일본 제국주의로부터의 부정적인 인식에서 탈피해 일본을 긍정적으로 이해할 만큼 인식의 폭이 넓어진 시기였지만 여전히 일본에 대한 이분법적인 사고가 남아 있었다.

1990년대에는 일본에서 유학을 한 연구자들이 일본 학계에 대거 유입됨으로써 일본 연구가 비약적인 성장을 하는 시기였다. 1990년대는 이전보다 다양한 학문의 조류가 형성돼 일본 연구가 본격적으로 전문화 단계로 들어가는 시기였다. 2000년대에 들어서면 한국의 일본 연구는 이전의 거대 담론을 중심으로 한 특수론적인 일본 연구에서 벗어나 다양화되고 전문화된 영역으로 발전했다. 그리고 최근에는 한국 학계에서도 일본이나 세계에서 인정받는 논문이나 연구 성과물이 나타나면서 한국의 일본 연구는 초창기와는 다른 모습으로 변화했다. 이처럼 한국의 일본 연구는 취미와 배척의 단계에서 이해의 단계를 거쳐 전문화의 단계로 발전했다.

그렇다고 반성해야 할 부분이 없는 것은 아니다. 최근 일본 연구자의 연령층이 50대와 60대가 60%를 차지할 정도로 학계의 고령화가 진행되고 있다. 연구자들의 분포 또한 어문학이 과반수 이상을 차지하는 불균등한 발전에서 벗어나지 못하는 것이 현실이다. 그리고 한국에서의 일본 연구가 다양성과 전문화의 길을 걷고 있음에도 불구하고 사회과학은 한·일 관계의 갈등에 따라 많은 영향을 받고 있다. 여전히 한국 여론의 일본 비판 영향이 강해 안이하게 일본을 비판하는 상황이 일상화돼 있다. 그리고 일본의 관심 또한 줄어들면서 일본 연구에서도 새로운 문제 제기와 방법론을 통한 활발한 논의는 점차 약해지고 있다.

실증주의적인 연구 결과를 축적해 일본을 객관적으로 바라볼 수 있도록 인식의 지평을 넓히는 것은 한국 일본 학계가 지향해야 할 점이다. 전후 일본의 예를 보더라도 일본을 대표하는 정치학자이자 사상가인 마루야마 마사오(丸山眞男)의 일본에 대한 초현실주의 분석이 가능하게 했던 것은 천재의 우연성에 의한 것이라기보다는 일본 사회과학 연구가 축적된 결과였다. 또한 일본의 사회과학에서 1980년대 이후 일본형 다원주의론이 등장할 수 있었던 것도 단지 미국의 이론을 수입한 결과라고 치부할 수는 없다. 일본형 다원주의자들이 행한 실증적인 연구의 기반은 일본 내에 광범위하게 축적돼 온 정치사의 전통과 역사학이라고 볼 수 있기 때문이다. 물론 일본의 실증주의적인 태도에는 동전의 앞면과 뒷면처럼 양면성이 존재한다. 1980년대의 일본 연구에서 보여주듯이 사례 축적에 매몰된 나머지 이론 개발이나 전체적인 정치상을 그려내지 못한 한계는 동전의 어두운 면을 말해 주고 있다. 그렇지만 경험적인 사례의 축적이 없다면 이론의 개발도 어렵다는 것은 말할 필요도 없다.

또 하나는 한국에서의 일본 연구는 개인의 창조성과 집단적인 노력이 합치되는 부분을 찾아내는 작업이다. 일본 연구가 자신만의 폐쇄적인 공간에 머물지 않고 다른 학문과 경쟁하고 공존하는 상황을 만들어야 한다. 지금까지 한국의 일본 연구는 일본 특유의 논리와 방법에 매몰된 채 일본적인 학문의 이론이나 논리로 발전시키지를 못했다. 이는 1990년대 이후 일본에서 유학한 연구자들이 압도적으로 많은 것에 기인한 측면이 있다. 특수성의 분석에 치우친 분석틀을 지양하면서 일본을 보편성에서 설명하고자 하는 집단적인 노력이야말로 일본 연구를 발전시킬 수 있는 원동력이 될 수 있다.

2. 책의 구성

이 책은 이러한 문제 의식하에서 소장학자들이 1년간의 연구회를 통해 만든 성과물이다. 첫술에 배부를 수는 없지만, 지금까지 한국 학계의 일본 연구를 재평가할 수 있는 작업이 시작됐다고 할 수 있다. 필자들은 일본 연구자가 생각하는 현실 인식과 문제 의식을 공유하면서 다른 각도에서 일본을 재조명하고자 노력했다. 일본 연구에서 객관성을 가지고자 보편과 특수 그리고 부정과 긍정이라는 다차원의 측면에서 새로운 문제 제기를 하고자 노력했다.

제Ⅰ부에서는 주로 일본 연구자들이 일본 내의 정치, 경제, 안보, 역사 인식에 대해 논의했고, 제Ⅱ부에서는 다른 전공자들이 외부에서 바라보는 일본을 그리고자 노력했다.

이창민 교수는 '부자 나라, 가난한 국민의 딜레마'에서 일본이 최근 20년 동안 '가난한 나라, 부자 국민'이라고 불러도 좋을 정도로 이전과는 180도 다른 모습으로 바뀌었다고 주장한다. 세계 3위의 GDP를 자랑하는 일본이지만, 정작 일본 정부는 GDP의 256%가 넘는 부채를 안고 있는, 그야말로 세계 제일의 빚쟁이 정부가 됐다. 그러나 한편으로 일본은 엄청난 규모의 금융자산을 해외에 보유하고 있는 나라이기도 하다. 일본은 매년 엄청난 이자와 배당소득을 통해 경상수지 흑자를 달성하고 있다. 일본은 명실공히 '무역대국'이 아닌 '투자대국'으로 우뚝 섰다. 그리고 30년째 세계 1위를 차지하고 있는 해외 금융자산의 주인은 국민(가계)이다. 일본 가계의 순자산은 1,630조 엔이 넘어 정부의 총부채 1,412조 엔을 훌쩍 넘기는 부(富)를 가지고 있다. 나라는 가난할지라도 국민은 부자인 나라가 지금의 일본이라는 주장이다. 다만 부자 국민들의 실상은 매우 비관적이다. 가계 금융자산의 보유 실태를 보면, 60대 이상 고령층이 전체 금융자산의 70%를 보유하고 있다. 결국 일본이 이러한 문제를 겪을 수밖에 없는 것은 일본 고령층의 저축이 정부의 국채 구입으로 사용되는 상황에서 조금 더 생산적인 분야, 즉 투자나 고용 증진으로 이어지는 선순환 구조가 없기 때문이다.

이기태 박사는 '일본은 군사대국으로 나아가는가?'라는 매우 도전적인 주제에 답하고자 했다. 한국 사람들은 최근 들어 일본이 본격적으로 군사대국의 길에 들어서고 있다고 생각한다. 반면 일본 사람들은 일본이 현재 군사대국이라는 점을 잘 받아들이지 않는다. 이 글에서는 일본의 군사대국화 경향을 알아보기 위해 일본의 안보 상황을 염두에 둔 네 가지 기준을 통한 군사대국 개념에 대한 '조작적 정의'를 시도했다. 네 가지 기준은 바로 '평화헌법 개정 문제', '방위비(국방비) 예산 증가', '미·일동맹의 역할 변화', '일본 국내 여론의 변화'다. 필자가 제시한 일본의 안보 관련 네 가지 변화를 통해 결국 일본의 군사대국화는 일본 보수 우익 세력의 평화헌법 개정 노력, 방위비 예산의 지속적 증가, 미·일동맹에서 일본의 적극적 역할 변화가 진행됐다고 판단한다. 하지만 일본이 군사대국화를 추진하는 데에는 여러 가지 한계 요인도 존재한다는 점에서 한국 사회에서 일본을 과대평가하고 있다는 점을 설명하고 있다.

임은정 교수는 '일본의 원자력 회귀, 무엇 때문일까?'에서 일본의 원자력 회귀의 배경에 대해 설명한다. 한국에서는 일본이 후쿠시마 원전사고 같은 대형 사고를 겪고도 다시 후쿠시마 원전사고 이전의 원자력 정책으로 회귀하는 것에 대해 의아하게 생각한다. 그는 원자력 에너지를 통해 이익을 공유하는 '겐시료쿠무라'라는 이익집단이 정책결정 과정에 강하게 영향력을 행사한 것이 일본의 원자력 회귀의 배경이 됐다고 설명한다. 결국 일본의 에너지 정책이 원자력으로부터 쉽게 자유로울 수 없게 된 경로의존적인 배경과 구조적인 한계를 설명한 것이다. 또한 필자는 일본의 원자력 정책이 핵연료주기 트릴레마에 함몰돼 있다고 지적한다. 일본과 비슷한 상황에 직면한 한국이 일본의 과오를 답습하게 되어선 안 된다고 경고하고 있다.

윤석정 박사는 '일본의 역사 인식은 우경화하고 있는가?'에서 일본 내의 다양한 역사 인식을 소개하고자 했다. 한국에서는 흔히들 '우경화하는 일본', '역사를 반성하지 않는 일본'의 모습만을 강조하는 경향이 있다. 이에 그는 일본 내에서도 '우경화를 견제하는 일본', '역사를 반성하는 일본'이 있다는 것을 설명하고자 했다. 그리고 우선 일본 내의 역사 인식으로는 역사 수정주의, 아시아 화해 사관, 국제 질서 사관이라는 다양한 인식이 존재한다고 주장한다. 전후 50주년에 표명된 무라야마 담화는 과거 일본의 침략과 식민지 지배에 대해 반성과 사죄 의식을 갖는 아시아 화해 사관의 표명이었다. 무라야마 담화는 한·일 역사 화해의 토대가 됐다. 1996년부터 무라야마 담화를 통해 나타난 아시아 화해 사관에 대한 역사 수정주의자들의 저항이 시작됐고, 그 선봉에는 아베 총리가 있다. 그러나 아베 총리는 미국과의 관계를 고려해 역사 수정주의에서 1930년대 이후의 일본 외교의 과오에 대해 반성하는 국제 질서 사관으로 변화됐다. 분명 아베 담화를 통해 국제 질서 사관이 일본 정부 담화의 역사관을 차지하는 과정은 역사 수정주의의 패배로 비춰질 수 있다. 그러나 그는 최근 일본의 정부 담화에서 보여지는 것은 역사 수정주의와 국제 질서 사관의 결합이었다고 주장한다. 이러한 두 사관의 타협이 한국에 대한 식민지 지배의 가해 책임을 망각하는 것으로 나타났다.

석주희 박사는 '섬나라 일본의 국경은 어디인가?'라고 질문하면서 일본인의 일본 국경에 대한 인식은 거의 희박하다고 주장한다. 일본의 국경은 물리적인 거리는 접어 두더라도 역사·사회적으로 긴 맥락을 가지고 있다. 1990년대 이후 해양법이 등장하면서 국제적인 변수까지 더해져 국경의 개념은 더욱 복잡해졌다. 흔히 일본은 혼슈, 규슈, 시코쿠, 홋카이도 네 개의 섬으로 이뤄진 국가로 설명하지만, '국경낙도'라는 다양한 지역도 존재한다. 이러한 지역은 일본 정부가 목소리를 내지 않으면 좀처럼 국경으로 인식하지 못하는 경우가 있다. 따라서 일본의 국민적 관심을 지속하기 위해 일본 정부는 제도와 정책의 마련에 정책적 노력을 기울인다. 대표적인 것이 국경낙도법과 '국경에 가자'는 캠페인이다. 이행과 성공 여부를 떠나서 이 같은 움직임은 일본 정부의 국경에 대한 관심을 드러낸다. 국경을 둘러싼 일반 국민과 정부의 극명한 대비는 해양국가인 일본에서 국경을 어떻게 인식하는지와 맞물려 있다.

이수훈 박사는 '바이든 행정부 시기 한·미·일 3자 협력: 경과와 전망'에서 바이든 행정부 시기의 한·미·일 협력에 대해 설명하고자 했다. 바이든 행정부가 미국·한국·일본 협력의 중요성을 강조함으로써 한국에서 거의 잊혀져 가고 있었던 한·미·일 협력이 다시 주목을 받기 시작했다. 바이든 행정부는 인도-태평양 지역에서 쿼드(Quad)와 같은 동맹 다자 협력과 한·미·일 3자 협력과 같은 동맹 네트워크를 강화해 역내 자유주의 국제 질서를 재건하고자 한다. 이러한 미국 구상에 대해 일본은 쿼드 협력을 바탕으로 인도-태평양 지역에서 자국의 이익을 추구하고자 한다. 그러나 한국은 아직 명확한 인도-태평양 전략이 없다. 한·미정상회담에서도 강조됐듯이 한·미 동맹이 세계적이고 포괄적인 역할을 하기 위해서는 한국의 지역적 시각과 전략이 요구된다. 한국이 국익과 안보의 극대화(maximization of national interest and security)를 위해서는 한·미·일 협력에서 어떤 역할을 해야 할지를 고민해야 한다고 필자는 주장한다. 따라서 한국은 인도-태평양 전략에서 발생하는 국가적 손익을 구체적으로 추정해 봐야 하며, 한·미동맹을 기반으로 한 한국의 역할에 대해서도 고려해야 한다고 설명한다.

이창주 박사는 '힘의 변화에 따른 중국의 대일본관 변화'에서 중국이 일본을 어떻게 인식하고 있는지를 설명하고 있다. 중국과 일본의 관계는 역사 문제, 영토 분쟁 그리고 글로벌 구조에 따른 부침의 연속이다. 필자는 '해양을 꿈꾸는 대륙강국, 중국', '대륙을 꿈꾸는 해양대국, 일본'이라는 인식의 틀을 중심으로 중·일 양국의 수교부터 현재까지 중·일 관계의 시기별 상황을 정리하고 있다. 먼저, 전후 특수 관계기(1972~95)는 중국이 일본에 가르침을 구하던 상황에서 도광양회(韜光養晦)하던 중국의 상황을 정리했다. 둘째, 탈전후적 보통관계기(1996~2010)에는 중국이 가파르게 경제 성장하던 상황에서 일본을 견제하기 시작한 시점을 정리했다. 셋째, 갈등적 세력전이기(2010~현재)에는 중국이 일본의 GDP를 추월하고 동아시아 내 영향력을 확장하는 과정에서 중국의 민족주의 성향이 강화됐고, 이에 일본은 미·일동맹을 통해 중국을 견제하면서도, 중국 시장 진출 및 진출 루트 확대라는 안보와 경제의 딜레마에 빠졌다는 내용을 정리했다. 결론적으로 중국은 경제가 성장함에 따라 일본을 바라보는 눈이 달라졌다는 것이다. 중국은 '죽(竹)의 장막'에서 벗어난 시기에는 일본이 필요했다. 따라서 중국은 역사 문제, 영토 분쟁 등에 목소리를 낮추고 일본으로부터 엔차관을 받으며 경제 발전의 동력을 마련했다. 그러나 중국의 경제력이 일본의 수준을 추월하고 동아시아 내 영향력을 확장하면서부터 그동안 도광양회해 왔던 역사 이슈, 영토 분쟁을 여과 없이 드러냈다.

황인정 박사는 '유럽의 전략적인 규범 파트너, 일본'에서 유럽 국가들이 보는 일본은 어떤 나라인지를 설명하고자 했다. 유럽과 일본의 관계는 무역과 투자로 연결된 경제적인 관계가 주를 이루지만 민주주의, 인권, 환경, 개발 등의 국제 규범을 준수하는 전략적인 협력 관계 역시 발전해 왔다. 1970~80년대까지 유럽 주요국들에 일본은 미국 다음의 경제대국이자 무역과 투자를 위한 경제 파트너로만 인식됐다. 이 시기에 서유럽 국가들은 미국 외의 국가들과 크게 정치적인 관계를 맺을 필요성이 없었다. 그러나 1990년대 초 냉전의 종식과 함께 일본은 강력해진 유럽연합(EU)을 정치적인 협력의 대상이자 국제 규범과 지역 협력의 전파 대상으로 바라보기 시작했다. 이러한 시대적 배경에서 유럽과 일본의 정치적 관계를 전략적 파트너로 규정하는 '전략적 파트너십 협정(Strategic Partnership Agreement: SPA)'이 2011년에 맺어졌다. 이후 2016년 미국 대선 이후 트럼프 대통령의 보호주의, 영국의 유럽연합 탈퇴라는 여러 큰 위기 상황을 잇따라 겪은 유럽연합은 '경제적 파트너십 협정(Economic Partnership Agreement: EPA)'을 통해 일본과의 경제적 협력 관계 확대도 꾀했다. 전략적 파트너십과 경제적 파트너십은 전후 유럽·일본 간 정치경제 관계의 점진적 발전의 결과물로 볼 수 있다는 설명이다.

박형준 교수는 '멈춰 있는 북·일의 시계, 조건 없는 대화에 응하지 않는 북한'에서 북한과 일본 사이의 독특한 관계를 그리고자 했다. 냉전과 탈냉전을 거치는 동안 과거 일본의 '식민 지배' 기억이 양국 관계의 한가운데 위치하며 매우 제한된 관계 설정의 구조를 만들었다고 설명한다. 북한의 대일 인식은 기본적으로 북한의 국가 정체성과 밀접한 관련이 있다. 즉, 북한은 반제국주의 혁명 노선에 따라, 일본을 제국주의 국가, 군국주의 국가, 철천지원수이자 타도의 대상 등으로 규정한다. 그 배경에는 일제의 식민 지배로 핍박받았던 인민대중의 고통과 시련이 결정적인 영향을 미쳤고, 이에 따라 일본의 과거사 청산을 주장하는 한편 제국주의적 침략 야욕을 경계한다. 따라서 북·일 관계 개선은 북한의 대일 적대 이미지와 상충되면서 우여곡절을 겪을 수밖에 없다는 것을 강조한다.

이 책의 저자들은 고정되고 단면적인 일본이 아니라 시대의 흐름과 함께 다양성과 다이내믹스가 존재하는 일본을 설명하고자 했다. 이 책은 이창민 교수의 적극적인 노력과 저자들의 열의에 힘입어 만들어진 성과물이라고 할 수 있다. 이 책을 집필해 준 이창민 교수와 소장학자들에게 감사를 표한다. 이 책을 만들 수 있도록 지원해 준 세종연구소 일본연구센터와 윤성사 정재훈 대표에게도 감사를 드린다. 부디 이 책이 한국 국민들의 일본에 대한 오해와 편견 그리고 지적인 오류를 바로잡는 데 조금이라도 기여할 수 있기를 기대한다. 꼭 일독을 권해드리고 싶다.

목차

머리말 • 일본 연구의 새로운 지평을 열자 | 진창수　　　　　　4

제 I 부 안에서 바라본 일본

가난한 나라, 부자 국민의 딜레마 | 이창민　　　　　　19

　한·일 역전에 대한 단상　　　　　　　　　　　　　19
　성숙한 채권국 일본　　　　　　　　　　　　　　　21
　밸런스시트 불황　　　　　　　　　　　　　　　　25
　밖으로, 밖으로!　　　　　　　　　　　　　　　　27
　부자 나라, 가난한 국민　　　　　　　　　　　　　30
　가난한 나라가 돼버린 일본　　　　　　　　　　　32
　부자 국민의 속내　　　　　　　　　　　　　　　　35

일본은 군사대국으로 나아가는가? | 이기태　　　　　40

　일본은 군사대국인가?　　　　　　　　　　　　　　40
　일본의 국가 노선과 보통국가화 진행　　　　　　　43
　평화헌법 개정 문제　　　　　　　　　　　　　　　46
　방위비 예산 증가　　　　　　　　　　　　　　　　49
　미·일동맹의 역할 변화　　　　　　　　　　　　　51
　일본 국내 여론 변화　　　　　　　　　　　　　　53
　일본의 군사대국화 진행의 한계　　　　　　　　　56

주저앉는 일본, 부활하는 일본

소장학자들의 새로운 시선

일본의 원자력 회귀, 무엇 때문일까? | 임은정   61

    수수께끼의 나라   61
    세 개의 E   63
    겐시료쿠무라   66
    핵연료주기 트릴레마   68
    일본만 이런 걸까?   72

일본의 역사 인식은 우경화하고 있는가? | 윤석정   75

    일본 우경화 담론과 아베 신조   75
    역사 수정주의: 아베의 원점   78
    아시아 화해 사관   80
    국제 질서 사관   82
    무라야마 담화의 탄생과 한·일의 역사 화해   86
    무라야마 담화와 한·일 역사 화해에 대한 아베의 저항   87
    전후 70년 아베 담화의 탄생: 한국 식민지 지배를 둘러싼
        역사 수정주의자 아베와 국제 질서 사관 간의 결탁   88

섬나라 일본의 국경은 어디인가? | 석주희   94

    섬 밖의 섬, 국경낙도   94
    '섬나라론' 일본: 폐쇄성과 고립성   97
    국경낙도 정책과 지자체의 대응   99
    소외된 섬에서 '관리하는 영토'로   105

제II부 밖에서 바라본 일본

바이든 행정부 시기 한·미·일 3자 협력: 경과와 전망 | 이수훈   111

   바이든 행정부의 대외전략 기조   111
   한·미·일 3자 협력 경과   113
   한·미·일 3자 협력에 대한 바이든 행정부의 메시지 변화   118
   미국의 한·미·일 3자 협력 추진과 한국의 정책 방향   122

힘의 변화에 따른 중국의 대일본관 변화 | 이창주   126

   중국의 대일본관을 움직이는 원리   126
   중국과 일본의 지정학적 관계   128
   전후 특수 관계기(1972~95): 가르침 구한 중국, 손을 내민 일본   131
   탈전후적 보통관계기(1996~2010): 굴기하는 중국, 견제하는 일본   136
   갈등적 세력전이기(2010~현재): 소리 내는 중국, 딜레마에 빠진 일본   142
   중국이 바라보는 일본관   148

주저앉는 일본, 부활하는 일본
소장학자들의 새로운 시선

유럽의 전략적인 규범 파트너, 일본 | 황인정   152

- 유럽이 바라보는 일본, 어떻게 변해 왔을까?   152
- 냉전 시기의 일본-유럽 관계: 안보 이슈 부재 속 무역 갈등의 시대   153
- 1990~2000년대: 전략적 관계의 시작   156
- 2010년대~현재: 더욱 긴밀한 협력 동반자로   161
- 동반자 관계로의 전환: SPA   162
- 경제적 관계의 발전: EPA   164
- 포스트 코로나 시대 유럽-일본 관계   167

멈춰 있는 북·일의 시계, '조건 없는 대화'에 응하지 않는 북한 | 박형준   170

- '과거사 청산' VS '납치자 문제'   170
- 북한의 대일(對日) 인식   171
- '납치자 문제'의 태동(胎動)과 전개 과정   181
- '납치자 문제' 해결 노력: 북·일 정상회담과 스톡홀름 합의   182
- 수령의 '무오류성'과 납치 문제의 '완전한 해결' 주장   185
- 북·일 관계의 특징: 관계 개선 요인의 부재   188
- 북·일 관계 전망과 과제   191

주저앉는 일본, 부활하는 일본

소장학자들의 새로운 시선

제 I 부

안에서 바라본
일본

주저앉는 일본, 부활하는 일본

소장학자들의 새로운 시선

가난한 나라,
부자 국민의 딜레마

이창민

한·일 역전에 대한 단상

추락하는 일본 경제에 날개가 보이지 않는다. 코로나19로 전 세계 경제의 성장 엔진이 멈추기 전에도, 일본의 연평균 GDP 성장률은 이미 미국과 유럽에 크게 뒤처져 있었다. 그러던 중에 엎친 데 덮친 격으로 코로나19는 휘청이던 일본 경제에 치명타를 날렸다. 2020년 일본의 GDP는 12년 전 글로벌 금융 위기 이전 수준으로 주저앉았고, 정부의 부채 규모는 이제 더 이상의 재정 건전화 계획이 무의미할 정도로 비대해졌다. 그동안 엉성하게 가려져 있던 일본의 치부도 적나라하게 드러났다. 코로나19는 세계 각국의 디지털화를 촉진하는 계기가 됐는데, 각종 디지털 기술의 각축장이 된 다른 선진국과 달리, 일본 국민들은 종이로 된 백신 접종권을 받기 위해 구청에 줄을 서서 도장을 찍어야 했다.

반면, 한국은 이제 자타가 공인하는 선진국이 됐다. 경제협력개발기구(OECD) 회원국 중에서는 24번째로 개발원조위원회에 가입하면서 한때 원조를 받던 나라에서 이제 원조를 하는 나라가 됐고, 2018년에는 세계에서 일곱 번째로 30-50클럽[01]에도 가입했다. 2019년에는 세계무역기구(WTO)에서 개도국의 지위도 포기했다. 화룡점정을 찍은 것은 2021년 7월에 국제연합무역개발협의회(UNCTAD)에서 한국의 지위를 개도국에서 선진국으로 변경한 일이었다. UNCTAD가 특정 회원국의 위치를 변경한 것은 1964년 창설 이후 처음 있는 일로 한국이 국제기구를 통해 명실공히 선진국으로 인정받는 순간이었다. 다른 선진국들에 비해 코로나19에도 비교적 잘 대처한 덕분에 2020년 한국의 국내총생산(GDP)은 세계 10위로 올라섰고, 무역 규모는 세계 7위, 1인당 총국민소득(GNI)은 G7 회원국인 이탈리아를 추월했다.

결과적으로, 한국과 일본의 경제력 격차는 조금씩 줄어들고 있다. 한국의 1인당 명목 GDP는 1990년에 일본의 25.5% 수준이었지만 30년이 지난 2020년에는 78.5% 수준까지 좁혀졌다. 한·일 간 역전된 지표도 등장했다. 물가와 환율 수준을 반영한 구매력 평가 기준 1인당 GDP는 2018년에 한국(43,001달러)이 일본(42,725달러)을 추월했고, S&P, 무디스, 피치 등 세계 3대 신용평가기관은 일본보다 한국의 신용 등급을 두 단계나 높게 평가하고 있다. 이러한 사실에 한껏 고무된 한국의 언론들은 한·일 간 역전된 지표들을 찾아내서 보도하기 시작했고, 서점에는 한·일 역전 현상에 주목한 책들이 쏟아져 나왔다. 한국만이 아니라 일본에서도 한·일 역전은 상당한 충격으로 받아들여졌다. 일본 경제학계를 대표하는 석학 노구치 유키오(野口悠紀雄) 히토쓰바시(一橋)대학 명예교수는 한 주간지에 "일본이 한국에 G7 자리를 뺏길 수도 있다"는 도발적인 글을 기고하면서 일본이 처한 위기에 경종을 울렸다.

---

[01] 인구가 5,000만 명 이상이면서 1인당 국민소득 3만 달러를 넘긴 나라를 뜻하는데, 30-50클럽에 해당되는 나라는 미국, 독일, 영국, 일본, 프랑스, 이탈리아 그리고 대한민국을 포함해 7개국뿐이다.

개인적으로 한·일 역전 자체를 부정하고 싶지는 않다. 그러나, 필요 이상으로 과잉 해석하는 분위기는 경계해야 한다고 생각한다. 한·일 역전이 가능하게 된 배경에는 한국의 순위가 상승한 것보다 일본의 순위가 하락한 영향이 더 컸기 때문이다. 예컨대, 최근 25년 동안 한국의 1인당 명목 GDP는 49위에서 39위로 10계단 상승했지만, 일본은 6위에서 33위로 무려 27계단이나 하락했다. 스위스 국제경영개발대학원(IMD)에서 발표하는 국가경쟁력 종합 순위 또한 25년 동안 한국이 26위에서 23위로 3계단 상승하는 사이에 일본은 4위에서 34위로 급전직하하면서 한국에 역전을 허용하고 말았다. 결국, 그동안 한국이 잘 한 것도 맞지만, 일본이 너무 못 했다는 이야기다.

성숙한 채권국 일본

문제는 선진국 반열에 올라선 대한민국을 너무나 자랑스러워한 나머지 극단적인 내셔널리즘으로 흐르거나, 반대로 겸손이 너무 지나쳐 패배주의적인 결론으로 흐르는 사람들이 생각보다 많다는 점이다. 심지어 일본 전문가를 자처하는 사람들 중에서도, "이제 한국이 선진국이고 일본은 후진국이다", "앞으로 일본 따위는 상대할 필요도 없다"는 주장을 펼치는 유치한 '국뽕주의자'들이 여론을 호도하는 경우가 비일비재해졌다.

일본 상품 불매운동의 여파가 이어지던 2020년 7월 20일 주요 포털에 '일본 또 무역적자, 불매운동으로 식료품·車 한국 수출 급감'이라는 기사가 올라왔다. 내용인즉슨 일본이 또 무역적자를 기록했는데, 한국의 불매운동이 전체 수출액 감소에 영향을 미쳤다는 것이었다. 매일같이 경제 데이터를 들여다보는 입장에서, 악의적이라고 느껴질 정도로 사실을 왜곡하는 기사였다. 불매운동이 일본 상품의 수출에 어느 정도 부정적인 영향을 미친 것은 사실이겠지만, 그 때문에 일본이 무역적자를 기록했다는 것은 지나친 비약이다. 일본의 무역수지는 2011년부터 지금까지 10년 이상 적자이거나 겨우 적자를 면할 정도의 흑자만 기록해 왔다. 우리의 일본 상품 불매운동과 관계없이 이미 오래전부터 일본 무역수지 적자는 고착화됐다.

2011년에 무역수지가 적자를 기록한 것은 그해 3월 11일에 발생한 동일본대지진 때문이었다. 지진으로 원자력발전소의 가동이 중단되면서 발전용 원유 수요가 급증했고, 그 때문에 무역수지는 적자로 전환됐다. 1963년 이후 무려 48년 만에 겪는 무역적자였다. 그러나 후쿠시마(福島) 원전사고로 시작된 일본의 탈원전 정책은 이듬해 아베 신조(安倍晋三)가 재집권하면서 동력을 잃게 됐다. 이후 원전 재가동과 함께 원유 수입액이 큰 폭으로 감소했지만, 이상하게도 무역수지는 개선되지 않았다. 나중에 밝혀졌지만, 무역수지 적자가 고착된 이유는 기업의 해외 진출이 늘어났기 때문이었다. 해외에 생산거점이 증가하면서 과거에 '일본에서 생산해 해외로 수출하던' 기업의 비즈니스 형태가 '해외에서 생산해 해외에서 판매하는' 형태로 바뀌었기 때문에 무역수지는 옛날처럼 큰 폭의 흑자를 기대할 수 없게 됐다.

그러나 무역수지 적자가 고착돼도 경상수지 흑자 폭은 감소하지 않고 오히려 더 늘어났다. 경상수지는 무역수지, 서비스수지, 소득수지 등의 합인데, 특히 경상수지의 흑자를 견인한 것은 이자와 배당 등으로 구성된 소득수지(1차 소득수지)였다. 고도성장기 이후 무역수지 흑자는 항상 소득수지 흑자를 압도해 왔지만 2005년에 처음으로 소득수지 흑자가 무역수지 흑자를 앞지르기 시작했고, 이후 그 격차는 더욱 확대돼 왔다. 특히 무역수지가 적자로 전환된

2011년 이후 경상수지 흑자는 이른바 해외에서 벌어들이는 소득수지를 통한 수익이 대부분이었다. 그리고 이는 해외에 축적된 어마어마한 금융자산이 있기에 가능한 일이었다.

일본은행 자료를 보면, 2020년 일본의 기업, 정부, 개인 등이 해외에 보유하고 있는 자산은 모두 1,145조 엔인데, 여기에 부채 789조 엔을 빼면 순자산이 357조 엔으로, 이를 달러로 환산하면 금융자산이 무려 3조 1,500억 달러에 달한다. 이게 어느 정도 규모인지 짐작이 가지 않는 독자들을 위해 쉬운 예를 들면, 국제통화기금(IMF)의 발표 기준 2020년 세계 5위를 자랑하는 영국의 GDP가 2조 6,400억 달러로 일본의 대외순자산보다 작다. 일본은 영국 GDP보다도 더 큰 규모의 금융자산을 해외에 보유하고 있는 셈이다. 매년 발표되는 대외순자산의 순위를 보면, 2위 독일, 3위 중국을 누르고 일본은 30년 넘게 대외순자산 1위를 유지하고 있다. 참고로 한국도 4,775억 달러라는 꽤 큰 규모의 대외순자산을 보유하고 있지만, 상대적으로 일본의 덩치가 너무 커서 규모로는 일본의 15% 정도밖에 되지 않는다.

무역수지 적자가 고착되는 대신 해외에 보유하고 있는 엄청난 금융자산에서 발생하는 이자와 배당으로 경상수지 흑자를 유지하는 현재의 일본 경제는 국제수지의 발전단계설로 보면 당연한 수순을 밟고 있는 것처럼 보인다. 1957년 제프리 크라우더(Geoffry Crowther)가 제시한 국제수지 발전단계설은 경제의 발전 단계에 따라 국제수지가 어떤 특정한 패턴을 그리면서 변화한다는 이론이다. 다음 표를 보면 경제 발전 단계상 제1단계는 '미성숙한 채무국'인데 경제 발전의 초기에는 국내 저축이 부족해 산업개발 자금을 외국으로부터 조달하고 각종 재화도 수입한다. 그 결과 무역수지와 소득수지가 모두 적자를 나타내게 된다. 일본에서는 메이지유신(明治維新) 이후 본격적인 산업화

경제 발전 단계별 국제수지 패턴

	무역수지	소득수지	경상수지	대외순자산	시기 전전	시기 전후
Ⅰ. 미성숙한 채무국	적자(-)	적자(-)	적자(-)	마이너스(-)	1868~1880년	
Ⅱ. 성숙한 채무국	흑자(+)	적자(--)	적자(-)	마이너스(-)	1881~1914년	1955~1964년
Ⅲ. 채무 변제국	흑자(++)	적자(-)	흑자(+)	마이너스(-)	1914~1920년	1965~1969년
Ⅳ. 미성숙한 채권국	흑자(+)	흑자(+)	흑자(++)	플러스(+)		1970~2010년
Ⅴ. 성숙한 채권국	적자(-)	흑자(++)	흑자(+)	플러스(+)		2011~현재(?)
Ⅵ. 채권 붕괴국	적자(--)	흑자(+)	적자(-)	플러스(+)		

자료: 필자 작성.

가 진행되기 이전의 기간(1868~80년)이 이에 해당한다.

제2단계인 '성숙한 채무국'은 경제 발전과 함께 수출산업이 성장해 무역수지가 흑자로 전환되지만, 소득수지는 여전히 적자인 상태다. 일본에서 제2단계는 두 번 관찰되는데, 1881년부터 제1차 세계대전이 발발(1914년)하기까지의 기간과 전후 고도성장기의 처음 10년(1955~64년) 정도다. 제3단계인 '채무 변제국'에 진입하면 수출이 확대돼 무역수지 흑자 규모가 소득수지 적자 규모를 넘어서 경상수지가 흑자로 전환된다. 일본의 경우, 제1차 세계대전 활황기(1914~20년)와 1960년대 후반(1965~69년)이 이에 해당한다.

제4단계부터는 대외순자산이 마이너스에서 플러스로 전환된다. '미성숙한 채권국' 단계에서는 무역수지 흑자가 지속되고 대외자산 증가와 함께 소득수지도 흑자로 전환된다. 일본의 경우, 안정성장기 이후 2010년 정도까지

오랫동안 이러한 4단계에 머문 것으로 생각된다. 제5단계인 '성숙한 채권국'에 접어들면, 생산비용 상승으로 자국 제품의 국제경쟁력이 하락해 무역수지는 적자로 전환되는 반면, 해외 투자의 증가로 소득수지 흑자폭이 커지면서 경상수지는 흑자를 보이게 된다. 2011년 이후 현재 일본이 제5단계에 접어들었다고 판단된다. 언젠가 일본이 제6단계 '채권 붕괴국'이 되면 무역수지 적자 규모가 더욱 확대돼 결국 소득수지 흑자 규모를 넘어서게 되고, 그 결과 경상수지는 적자로 전환될 수도 있다.

밸런스시트 불황

크라우더의 국제수지 발전단계설은 여러 국가의 경험적인 사실에도 부합하고, 경제적인 이유를 따져봐도 어느 정도 자연스러운 현상이다. 경제 발전의 초기 단계에서는 국내에 풍부한 투자 기회가 있음에도 불구하고 국내 저축이 부족해 밖에서 자금을 빌려와야 한다. 그러나 점차 경제가 성숙한 단계에 접어들게 되면 국내의 투자 기회는 부족해지고 과잉 저축이 발생해 기업들은 해외 투자로 눈을 돌리게 된다. 현재 일본이 처한 상황이 바로 이러한 과잉 저축의 상태다. 일본의 기업들이 국내에 투자하기를 주저하자 투자 감소가 저온(低溫) 호황으로 이어진 반면, 늘어난 해외 투자 덕분에 대외순자산 규모가 증가하고 여기서 발생하는 이자와 배당으로 매년 경상수지는 흑자를 기록하고 있다.

일본 기업이 국내 투자를 회피하기 시작한 것은 밸런스시트(balance sheet) 불황이 심각해진 1990년대부터였다. 용어가 생소한 독자들을 위해 밸런스시트 불황에 대해 잠시 설명하고 넘어가자. 일단 밸런스시트는 우리말로 대차대조표라고 하는데, 특정 시점에서 기업이 보유하고 있는 자산, 부채, 자본을 기록한 표다. 대차대조표를 바라봤을 때 왼편의 자산, 그리고 오른편의 부채와 자본의 합은 항상 동일해야 한다.

예컨대, 기업의 자산 100억은 부채 60억과 자본 40억의 합과 동일하다. 그런데 무슨 이유에서인지 자산 가격이 갑자기 하락하기 시작했다면 어떤 일이 벌어질까? 기업이 보유하고 있는 자산 가격이 폭락해서 하루아침에 50억으로 반토막이 나게 되면, 이제 그 자산을 매각하더라도 부채 60억을 갚을 수 없는 상황에 처하게 된다. 이렇게 채무 초과 상태에 처하게 된 기업은 부채 상환에 집중하느라 당분간 새롭게 대출을 일으켜 신규 투자를 하는 것은 생각조차 할 수 없게 된다. 기업들이 돈을 빌려 투자를 해야 경기가 살아나는데, 투자는 고사하고 채무를 줄이는 것이 발등에 떨어진 불이 돼버린 기업들이 많아지면 경제는 밸런스시트 불황에 빠지게 된다.

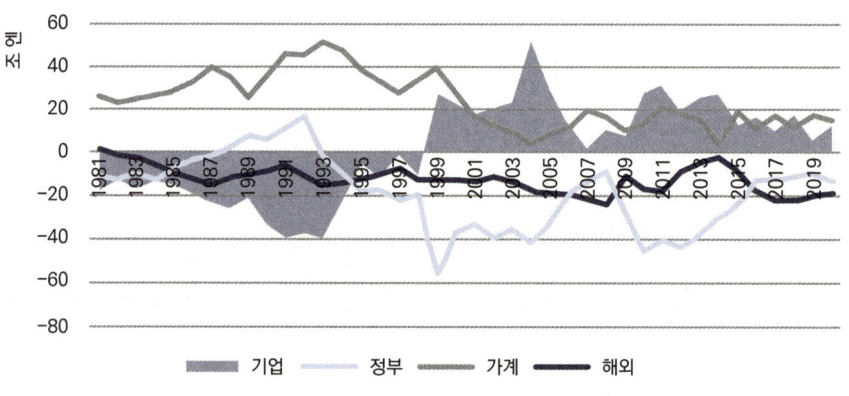

부문별 자금 과부족 추이

1980년대 후반 일본에서 버블이 급속히 확대되는 과정에서 기업들은 거액의 빚을 내어 부동산과 주식에 투자를 했다. 그러다가 1990년대 초 버블이 붕괴하자 기업이 보유하고 있는 자산의 가격이 폭락했지만, 금융부채는 그대로 남아 있게 됐고, 기업들은 이후 몇 년간 부채를 상환하는 데 급급하게 된다. 앞의 그림은 부문별 자금 과부족의 추이를 나타낸 것인데, 1991년부터 2005년에 걸친 밸런스시트 불황기에 기업들이 빠른 속도로 빚을 줄여나간 결과, 자금 부족 상태에서 자금 잉여 상태로 전환된 것을 확인할 수 있다.

교과서적인 경제 상태라면, 가계가 저축을 하고 기업은 그것을 빌려 투자를 해야 하는데, 기업이 열심히 부채를 갚아 나갔기 때문에 1999년부터는 가계와 기업이 모두 저축하는 주체로 바뀌었고, 2002년부터는 가계를 누르고 기업이 최대의 저축 주체가 됐다. 1991년 3월 시점에서 기업 부문은 GDP 대비 11.4% 자금 부족 상태에 있었지만, 2004년 3월에는 10.2% 자금 잉여 상태로 전환됐다. 1990~2000년대 일본 경제가 장기 침체에 빠진 이유는 이렇게 기업의 목표가 '이익의 최대화'에서 '채무의 최소화'로 바뀌면서 투자가 축소됐기 때문이다.

밖으로, 밖으로!

도쿄상공 리서치가 보유한 재무 데이터를 분석해 보니 일본 기업 34만 개 가운데 24.4%에 해당하는 8만 4,000개 정도가 무차입 경영을 하고 있는 것으로 나타났다. 은행에 빚을 내지 않고 부채보다 많은 현금성 자산을 보유한 기업들이 1/4이나 된다는 것은 1990년대 이후 일본 기업들이 부채를 줄이며

무리한 투자를 하지 않는 짠돌이 경영을 해왔다는 것이다. 앞의 그림에서 확인한 바와 같이, 15년(1991~2005년)에 이르는 밸런스시트 불황기에 일본 기업들의 투자 기피 행동은 잃어버린 10년과 저온 호황으로 끝난 이자나미(いざなみ) 경기(2002~07년)의 원인이 됐다. 그러나, 기업들이 밸런스시트 불황에서 탈출한 이후에도 투자는 살아나지 않았다. 그림에서 볼 수 있듯이, 2008년 글로벌 금융 위기 이후에도 기업들은 잉여 자금을 보유하고 있을 뿐 이것이 투자로 이어지지 않았고, 그 결과 아베노믹스(Abenomics) 경기(2013~18년)도 이전과 마찬가지로 저온 호황으로 끝나고 말았다.

밸런스시트 불황 이후에도 일본 기업들이 선뜻 투자에 나서지 않은 것은 투자 기회가 축소됐기 때문이다. 1980년대까지 일본 국내에는 기업들의 투자 기회가 널려 있었다. 자고 나면 새로운 발명품이 등장했고, 거듭된 혁신으로 메이드 인 재팬 라벨을 붙인 제품은 세계적인 베스트셀러가 됐다. 일본이 만드는 가전제품, 자동차, 반도체는 미국과 유럽의 제품보다 품질이 뛰어난 데다가 가격경쟁력까지 높았으며, 아직까지 일본을 추격할 만한 신흥국 제품은 등장하지 않았다. 기업들은 앞다퉈 국내에 투자를 했고 혁신적인 제품을 만들어 전 세계에 수출하면서 고용이 늘어나고 임금도 상승했다. 국민소득이 증가하고 소득 중 일부가 저축돼 다시 기업의 투자자금으로 활용되는 선순환 구조가 만들어졌다.

그러나 1990년대를 거쳐 2000년대에 접어들면서 이러한 선순환 구조는 흔들리기 시작했다. 일본 경제가 성숙기에 접어들면서 발명과 혁신의 속도는 둔화되고, 품질에서는 큰 차이가 없지만 가격경쟁력이 훨씬 뛰어난 제품을 생산하는 나라들이 등장했다. 한국, 대만, 중국이 만드는 가전제품, 자동차, 반도체 등이 일본 제품을 밀어내고 전 세계를 석권하게 됐다. 일본 기업들은 더 이상 국내에서 매력적인 투자 기회를 찾기가 어려워졌다. 국내보다 해외 투자의 수익률이 높아지자 주주들은 자기자본이익률(ROE)의 향상을 요구하고, 기업들은 자본수익률이 높은 해외로 생산시설을 옮기기 시작했다. 이제 일본 기업들은 국내에서 생산성 향상이나 생산 능력 증강을 위한 설비 투자를 할 인센티브가 사라졌다. 낮은 생산비용으로도 생산이 가능한 해외에 설비 투자를 하거나, 그러한 설비를 구비한 신흥국의 제품을 수입하는게 더 합리적인 선택이 됐다.

일본의 대외순자산의 변화를 직접투자 부분과 증권투자 부분으로 나눠 비교하면, 글로벌 금융위기 이후 직접투자의 비율이 증가하기 시작해 2014년 이후 증권투자 비율을 넘어섰다는 것을 확인할 수 있다. 과거 10년 동안 대외순자산의 구조적 변화를 살펴보면, 예전처럼 해외의 유가증권에 대한 투자가 아니라 직접투자가 그 중심이 되고 있다. 직접투자 안에는 해외 기업을 매수하는 브라운필드 투자(brown field investment)도 있고, 해외에서 토지를 매입해 공장이나 사업장을 짓는 그린필드 투자(green field investment)도 있다. 일본 기업들은 환율의 변화에 따라 두 가지 모두를 이용했다. 엔(円)의 가치가 높을 때는 절상된 엔화를 들고 해외 기업을 사들이는 브라운필드 투자를 하고, 아베노믹스 경기 때처럼 엔저가 되면 축소된 국내의 투자 기회를 피해서 해외에 그린필드 투자를 늘려갔다. 결과적으로 엔고든 엔저든 상관없이 해외로 진출하는 일본 기업들이 늘어났고, 앞으로 이러한 움직임은 더 가속화될 것이다.

기업들이 국내에 투자를 하지 않으면 생산성의 향상 속도가 둔화되고 결과적으로 경제 성장도 한계에 부딪힌다. 생산성의 향상 속도가 둔화되면 임금상승률도 저하된다. 일본의 명목임금은 1997년을 정점으로 감소하기 시작했는데, 이때는 밸런스시트 불황 속에서 기업들이 투자를 회피하던 때다. 투자 기회가 사라진 국내를 피해 자본이 해외의 높은 수익률을 찾아서 떠나고 거기서 만들어진 값싼 수입품이 국내시장에 범람하게 되면, 경제는 수입 주도의 글로벌화 단계에 들어가게 된다. 현재 일본에서 팔리고 있는 제품의 대부분은 신흥국에서 만들어진 것들이다. 앞으로 무역수지 적자가 더 확대되면, 일본은 결국 채권 붕괴국의 단계에 들어서게 될 것이다. 그렇게 되면 그동안 저축해 둔 해외의 금융자산을 조금씩 헐어서 쓸 수밖에 없다. 30년 넘게 세계 1위를 유지해 온 든든한 금융자산 덕에 당장에 큰 문제는 없겠지만, 언제까지 버틸 수 있을지는 아무도 예상할 수 없다. 일본 청년들이 미래를 긍정적으로 바라볼 수 없는 이유가 여기에 있다.

부자 나라, 가난한 국민

30년 넘게 세계 1위를 유지해 온 든든한 금융자산의 주인은 누구일까? 이 질문에 대한 답을 하기 위해서는 '부자 나라, 가난한 국민 일본'에서부터 이야기를 시작해야 한다. 지금 돌이켜보면 1990년대는 흥미로운 책들이 많이 출간됐다. 1990년대 들어 일본의 1인당 명목 GDP가 미국을 넘어섰지만, 한편으로는 버블 붕괴에 이은 경기 침체가 장기화될 조짐이 보이던 시기라 일본에 대한 세간의 평가는 극명하게 둘로 나뉘어졌다. 1994년 전여옥의 『일본은 없다』라는 책이 공전의 히트를 기록하자, 경쟁이라도 하듯이 다음 해인 1995년에는 서현섭의 『일본은 있다』가 다시 베스트셀러로 등극했다. 각각 특파원과 외교관이라는 신분으로 오랜 일본 생활에서 겪은 체험과 통찰을 잘 녹여낸 에세이였다. 제목만 보면, 두 책이 마치 대척점에 서 있는 듯한 인상을 주지만, 막상 내용을 읽어 보면 서로 공유하는 인식도 많았다. 대표적인 것이 '경제대국' 일본의 화려한 이면에 가려져 있는 '생활소국' 일본의 어둠을 지적하고 있는 부분이 그러했다.

예전에 주변 어른들이 "나라는 부자지만 국민은 가난한 나라가 일본이다"라는 이야기를 하곤 했는데, 당시에는 그 뜻을 잘 이해하지 못했다. 그러던 중 대학생이 돼서 카렐 반 월프런(Carel van Wolfren)의 『부자 나라, 가난한 국민 일본(The False Realities of a Politicized Society)』을 읽고 비로소 그 말의 의미를 이해할 수 있었다. 네덜란드 출신으로 일본에서 20년 이상 특파원을 지낸 월프런이 지적하는 것은 '생활소국' 일본에 대한 비판이었다. 경제력은 세계 정상 수준이지만, 국민들은 좁은 주거공간, 높은 물가에 시달리는 점. 또 집단 지향적 교육을 받은 일본인들이 관료독재 체제에 순응해 개인의 사생활이나 행복 추구를 앞세우지 않는 점 등이 주된 비판의 대상이었다.

내 전공 분야가 아니기 때문에, 이러한 당대 지식인들의 '일본론'에 대한 평가를 하기는 어려울 것 같다. 다만 경제적 차원에서 '부자 나라, 가난한 국민'의 속뜻을 유추해 볼 수는 있을 것 같다. 보통 그 나라의 경제력을 이야기할 때, 1년 동안 국내에서 생산한 총 부가가치의 합계인 국내총생산(GDP)을 쓰기도 하지만, 여기에 외국인이 국내에서 번 소득을 빼고, 해외에서 자국민이 벌어들인 소득을 포함시킨 총국민소득(GNI)을 쓰기도 한다. 그리고 총국민소득을 인구 수로 나눈 1인당 GNI는 그 나라 국민 개개인의 생활 수준을 보여주는 지표로 많이 활용된다.

2019년 기준 우리나라의 1인당 명목 GNI는 32,422달러로 세계 38위 정도 된다. 1달러에 1,000원 정도의 환율로 가정하고, 4인 가족을 생각하면 1

년간 소득이 대략 1억 3,000만 원 정도에 이른다. 4인 가족 기준 우리나라 가계의 평균 소득이 이 정도 된다고 하면 아마 많은 사람이 깜짝 놀라며 그럴 리가 없다고 생각할 것이다. 생각보다 좀 높게 나온 이유는 GNI에 가계소득만 들어 있는 것이 아니고 기업소득도 포함돼 있기 때문이다. 우리나라의 경우 GNI 대비 가계소득은 60% 정도이고 기업소득은 25% 정도 된다. 그러니까 4인 가족을 기준으로 1년간 가계소득의 평균은 대략 7,800만 원(1억 3,000만 원×60%) 정도 된다고 보면 된다.

문제는 선진국 중에서 일본과 한국이 유독 가계소득의 비중이 낮고 기업소득의 비중이 높다는 점이다. 그리고 일본은 1990년대에도 이와 동일한 문제점을 안고 있었다. 당시 자료에서 OECD 평균을 보면, GNI 대비 가계소득 비중이 75%, 기업소득의 비중이 15% 정도였는데, 일본은 각각 65%와 25% 정도로 가계소득의 비중이 다른 선진국들에 비해 상대적으로 낮고, 기업소득의 비중은 높았다. 결국, 세계 2위의 경제대국이며, 1인당 명목 GDP로는 다섯 손가락 안에 드는 일본이었지만 국민들의 생활 수준은 비슷한 수준의 다른 선진국 국민들이 누리는 생활 수준에 미치지 못했다. 보는 이의 관점에 따라 이러한 모습은 검소한 일본인의 이미지로 포장되기도 했지만, 본질은 기업소득의 몫이 큰 분배 구조상의 특징이 드러난 결과였다.

가난한 나라가 돼버린 일본

2020년 기준 일본은 여전히 세계 3위의 경제대국이기는 하지만, 1인당 명목 GNI는 41,513달러로 세계 28위 정도에 그치고 있다. 1995년에 1인당 명목 GNI가 43,495달러로 세계 6위였으니 25년 동안 경제는 제자리걸음 정도가 아니라 아예 뒷걸음질쳤다고 봐야 한다. 일본 국민들 스스로도 이제 자신 있게 부자 나라라고 말하기에는 어딘지 모르게 쑥스러운 상황이 됐다.

일본이 가난한 나라가 된 이유 중 하나는 돈을 빌려주겠다는 사람은 많은데, 정작 돈을 빌리고 싶어하는 사람이 없어진 것이다. 기업들이 돈을 빌려서 신규 투자를 해야 소비도 살아나고 물가도 상승하는데 아무도 돈을 빌려가지 않으니 일본 정부가 대신 그 역할을 하고 있다. 나라가 가난해지는 것을 막기 위해 1990년대 이후 일본 정부는 빚을 내서 열심히 정부 지출을 늘려왔는데, 그 결과 전 세계에서 가장 가난한 정부가 됐다. 가난한 나라가 되는 것을 막으려다가 정말 가난한 나라(정부)가 돼버린 셈이다.

일본 재무성 발표에 따르면, 국채와 차입금 등을 합친 정부의 빚이 2021년 6월 기준 1,220조 엔을 넘어섰다. 이 정도 나라 빚이 대체 어느 정도 규모인지 금방 감이 오지 않는 독자들을 위해 쉬운 예를 하나 들어보자. 일본 인구가 대략 1억 2,580만 명 정도이고, 현재 100엔당 1,000원이 조금 안 되는 환율 수준을 고려하면, 어림잡아 일본 국민 한 명당 1억 원 정도의 빚을 지고 있는 셈이다. 이제 막 태어난 갓난아기부터 100살이 넘은 할머니까지 국민 모두가 1억 원씩 갚아야 나랏빚을 겨우 청산할 수 있다는 이야기다.

GDP 대비 정부 부채 비율을 보면, 일본은 이 비율이 무려 256%에 달한다. 이는 부채 위기를 겪은 그리스, 이탈리아보다도 높은 수준이며, OECD 평균(80%)에 비해서도 3배 이상 높은 수치다. 일본 정부는 2021년도 전체 예산의 33.6%를 사회보장비에 지출하고 22.3%는 국채를 갚는 데 썼다. 빚 갚는 데만 전체 지출의 22.3%를 쓰다 보니 조세 수입으로 지출을 충당하기에는 턱없이 부족하다. 그래서 전체 예산의 41%는 다시 국채를 발행해 조달하고 있다. 1년에 1억을 쓰는 사람이 연봉은 5,900만 원에 불과하고 4,100만 원은 빚을 내서 쓰고 있는 상황이다. 게다가 지출 1억 원 중에서 빚 갚는 데만 2,200만 원을 쓰고, 그 때문에 새롭게 4,100만 원의 빚을 내는 셈이니 빚이 줄래야 줄 수가 없다.

일본의 일반회계 세출, 세수, 공채 발행액을 살펴보면, 1990년대 이후 고령화로 인해 복지 부담이 증가하면서 사회보장비용은 지속적으로 늘어났다는 것을 확인할 수 있다. 그러나 장기 불황이 이어지면서 세수는 감소해 일명 '악어 입' 모양으로 세출과 세입의 간격이 벌어지게 됐다. 결국, 부족한 세금은 국채를 발행해서 메울 수밖에 없는데, 이 때문에 1990년대 말부터 재정적자를 보전하기 위한 적자국채(특별공채)의 발행이 대폭 늘어났다. 아베노믹스를 실시한 이후, 미약하게나마 경제 사정이 나아지고 세수가 늘어나면서 국채 발행 규모는 조금씩 감소하는 것 같았다. 그러나 코로나19가 발발하면서 모든 것이 다시 수포로 돌아갔다. 2020년에 정부의 국채 발행액은 또다시 껑충 뛰어올랐고, 정부의 빚은 다시 가파르게 늘어나기 시작했다.

재정건전화의 달성은 1990년대 이후 들어선 역대 모든 정부의 최우선 과제였다. 아베 총리도 2020년까지 기초재정수지의 흑자를 달성하겠다는 재정건전화 목표를 제시했었지만, 이를 위한 소비세 증세가 경기 침체로 이어지면서 목표의 달성 시점을 2025년으로 연기했다. 그런데, 최근에 코로나19로 인해 재정지출이 폭증하면서 2030년이 돼도 목표 달성은 어렵게 됐다. 기업 경영인들의 모임인 경제동우회가 발표한 계산에 따르면 2050년이 돼도 일본 정부가 재정건전화 목표를 달성하기는 어렵고, 이마저도 소비세를 현재의 10%에서 19%로 올려야 가능한 수치라고 지적했다. 이쯤 되면 일본 정부의 재정건전화 목표가 현실적으로 실현 가능한 목표인지부터 따져봐야 한다. 최소 2050년까지 가난한 나라를 벗어나기란 현실적으로 불가능해 보인다.

부자 국민의 속내

일본 정부의 어마어마한 부채를 이해하기 위해서는 조금 복잡하지만 채권가격과 금리의 관계에 대한 약간의 설명이 필요하다. 직관적인 이해를 돕기 위해 돈을 빌려준 채권자와 돈을 빌린 채무자의 관계를 떠올려 보자. 국가가 채무자가 되면 국채(國債), 회사가 채무자가 되면 사채(社債), 학교가 채무자가 되면 교채(校債)가 된다. 채권자의 입장에서 보면 채권은 정해진 이자를 받을 수 있는 상품이 되기도 한다. 그래서 채권은 시장에서 거래가 되고, 가격이 존재한다. 만기에 돌려받는 원금은 일정하므로 만약 채권을 싸게 매입하면 결과적으로 채권수익률이 높아지고, 비싸게 매입하면 채권수익률은 낮아진다.

예컨대, A가 연 수익률 5%인 채권을 1,000만 원에 샀다면 1년 후에는 1,050만 원을 받는다. 그런데 때마침 주식시장이 가파른 상승세라서 A는 채권으로 가만히 가지고 있는 것보다 하루빨리 채권을 처분해서 주식시장에 투자하는게 낫다고 판단했다. 그래서 채권을 구입한 당일에 바로 구입가격보다 10만 원이 싼 990만 원에 시장에 내놓았고, 마침 B가 그 채권을 인수했다. 이 경우, B는 연 수익률 5%인 채권을 990만 원에 구입했고 1년 후에는 1,050만 원을 받을 수 있으므로 연 수익률은 6.06%가 된다. 반대로 만약 A가 채권을 구입한 가격보다 높은 가격인 1,010만 원에 시장에 내놓고, C가 그 채권을 인수했다면, C는 연 수익률 5%인 채권을 1,010만 원에 사서 1년 후에 1,050

만 원을 받을 수 있으므로 연 수익률은 3.96%가 된다. 정리하면, 채권가격이 990만 원으로 떨어지면 채권 수익률이 6.06%로 오르고, 채권가격이 1,050만 원으로 오르면 채권 수익률은 3.96%로 떨어진다. 여기서 채권 수익률은 시장 금리로 바꿔서 이해해도 된다. 즉, 채권가격이 떨어지면 금리는 오르고, 채권가격이 오르면 금리는 떨어진다.

채권가격과 금리의 관계는 국채에도 적용된다. 국채가격이 떨어지면 금리는 오르고, 국채가격이 오르면 금리는 떨어진다. 일본의 국채 발행액이 지속적으로 늘어나 GDP 대비 정부 부채 비율이 세계 1위라는 사실은 이미 언급한 바 있다. 이렇게 국채 발행액이 지속적으로 늘어나면 일반적인 수요, 공급의 원리를 생각할 때 국채가격이 하락하고, 금리는 상승해야 한다. 더 솔직히 말하면, 국채가격이 폭락하고, 금리가 폭등해 일본 정부가 파산 선언을 해도 이상하지 않다. 그런데 아직까지 그런 일은 일어나지 않고 있다. 국채가격이 하락하는 것은 고사하고, 자꾸 하락하는 장기국채 금리를 간신히 붙잡아 0%로 유지하고 있을 정도다.

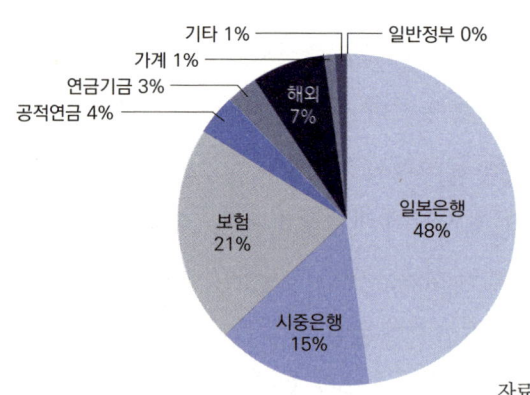

자료: 日本銀行, 「資金循環統計」.

일본 국채 보유 현황(2021년 6월 기준)

결국, 국채를 대량으로 발행해도 누군가는 이 국채를 열심히 사들이고 있기 때문에 실제로 국채가격이 폭락하는 일은 일어나지 않는다. 대체 누가 일본 국채를 사는 것일까? 앞의 그림은 일본 국채의 보유 현황인데, 국채의 48%는 일본은행이 가지고 있다. 일본은행이 이렇게 많은 국채를 보유하게 된 이유는 아베노믹스 때문인데, 대규모 양적 완화를 하면서 시중은행으로부터 국채를 매입한 결과 아베노믹스 실시 전인 2012년에 10%에 불과하던 비중이 현재는 48%까지 늘어났다. 반대로 2012년에 45%에 이르던 시중은행의 국채 보유 비중은 현재 15%까지 줄어들었다. 시중은행이 보유하던 국채가 중앙은행으로 이동하고, 그 덕분에 정부는 지폐 한 장 찍지 않고도 본원통화를 계속 늘릴 수 있었다.

이 밖에도 보험, 연금 등 일본의 국채는 중앙은행과 국내의 금융기관들이 80% 이상을 보유하고 있다. 특히 해외 투자자들이 보유한 국채가 7%밖에 안 되기 때문에, 많은 사람이 국채가격이 폭락하는 일은 발생하지 않을 것으로 믿고 있다. 실제로 일본 정부가 파산을 고민하면 중앙은행과 다른 국내 금융기관들이 이를 가만히 보고만 있지는 않을 것이다. 국채가격 폭락 시나리오가 구체화되면 채권자인 이들과 채무자인 정부 사이에는 모종의 조절과 타협이 가능할 것이다. 결국 일본 국채를 보유하고 있는 투자자들은 이러한 믿음을 가지고 있기 때문에 실제로도 국채가격이 폭락하지 않고, 금리가 폭등하지 않는다.

그런데, 이러한 민간 금융기관들은 대체 무슨 돈으로 국채를 보유하게 된 것일까? 기본적으로 금융기관은 누군가가 맡겨둔 예금을 가지고 대출을 하고 국채에 투자도 할 수 있다. 다음 그림의 부문별 금융자산 잔고를 보면 일본의 금융기관이 가지고 있는 예금이 누구의 돈인지 단번에 알 수 있다. 예금의 주인은 바로 가계다. 가계의 금융자산은 2021년 6월 기준 1,992조 엔으로 2,000조 엔에 육박하고 있다. 부채를 뺀 순자산만 1,630조 엔이 넘는다. 정부의 총부채 1,412조 엔을 훌쩍 넘기는 수치다. 결국, 정부가 많은 돈을 빌릴 수 있었던 것은 그만큼 가계가 많은 저축을 가지고 있었기 때문이다. 나라는 가난할지라도 국민은 부자인 나라가 지금의 일본이다.

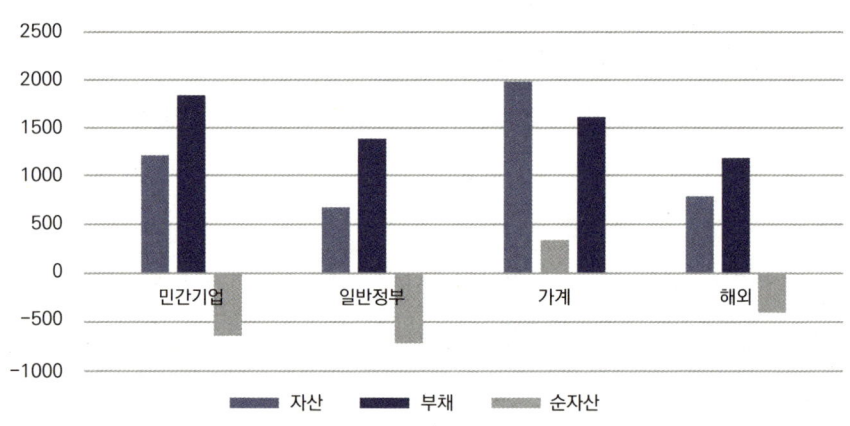

자료: 日本銀行, 「資金循環統計」.

부문별 금융자산 잔고(단위: 조 엔, 2021년 6월 기준)

다만 부자 국민의 속내를 들여다보면 현재 일본이 처한 상황이 그리 녹록하지만은 않다. 먼저 누가 금융자산을 가지고 있느냐가 중요하다. 가계 금융자산의 세대별 보유 실태를 보면 60대가 28.5%, 70대 이상이 40.0%로 사실상 60대 이상 고령층이 전체 가계 금융자산의 70%를 보유하고 있다. 2020년 일본은행이 조사한 '가계 금융행동에 관한 여론조사'에서 20대 1인 가구의 43.2%와 30대 1인 가구의 31.1%가 금융자산이 제로라고 답한 상황에 비춰보면, 부자 국민의 본질은 사실 부자 고령자임을 알 수 있다. 자금 순환 구조로 보면 가계의 저축이 시중은행으로 모여, 시중은행은 그 돈으로 국채를 구입하고, 국채는 결국 중앙은행으로 흡수된다. 정부는 국채로 조달한 자금을 사회보장비로 지출하므로, 결국 일본 고령층의 저축이 사회보장으로 환류되는 구조다.

또, 한가지 생각해야 할 부분은 금융자산의 보유 형태다. 일본의 가계는 주식, 채권보다는 현금, 예금, 보험, 연금의 형태로 금융자산을 보유하려는 경향이 강하다. 2021년 8월 기준, 일본의 가계는 금융자산의 54.3%를 현금과 예금으로, 27.4%를 보험, 연금 등으로 보유하고 있으며, 주식은 10.0%, 채권은 1.4%에 지나지 않는다. 미국의 경우 금융자산의 37.8%를 주식으로, 29.0%를 보험, 연금의 형태로 보유하고 있으며, 현금과 예금은 13.3%에 지나지 않는다. 일본의 문제점은 가계의 금융자산이 주식, 채권과 같은 직접금융을 통해 성장자금으로 활용되는 것이 아니라, 은행을 경유해서 정부 부문으로 전부 흡수된다는 점이다. 물론 이 덕분에 정부가 파산하지 않고, 근근이 생명을 이어갈 수는 있지만 경제 성장 없이 고령층이 보유한 저축만으로 연명하는 데에는 한계가 있다. 부자가 망해도 3대는 가겠지만 영원히 버틸 수는 없는 노릇이다.

일본은
군사대국으로 나아가는가?

이기태

일본은 군사대국인가?

최근 일본이 보통국가화를 추진하는 과정에서 보이고 있는 군사력 증강 움직임은 결국 일본이 군사대국을 지향하는 것이 아닌가 하는 의구심을 자아낸다. 특히 한국 내에서 일본의 군사대국화를 경계하는 경향이 강한데, 이것은 일본이 군국주의를 통해 아시아 국가들을 침략하면서 제2차 세계대전을 일으켰던 과거의 경험이 작용하고 있기 때문이다.

하지만 제2차 세계대전 이후 일본은 민주주의와 시장경제 제도를 받아들이면서 단기간의 경제 발전을 통해 선진국에 들어섰으며, 현재도 민주주의, 인권, 법의 지배 등 인류의 보편적 가치를 내세우면서 세계 평화에 공헌하는 민주주의 국가를 지향한다고 표명하고 있다.

그렇다면 일본은 앞으로 군사대국을 통한 과거와 같은 군국주의의 길로 나아갈 것인가, 아니면 전후(戰後) 평화국가 일본의 정체성을 계속해서 유지할 것인가? 일본의 보통국가화가 거의 완성돼 가는 지금 시점에서 향후 일본이 나아가는 방향을 전망하기 위해 먼저 일본의 '군사대국'화에 대한 개념과 일본의 국가 노선에 대한 이해부터 시작해 본다.

한국 사람들은 일본을 대국으로 생각한다. 2022년 현재 세계 3위의 경제력에 1억 2,600만 명의 인구, 일본 전체 면적 약 37만㎢로 한반도의 1.7배에 달하기 때문이다. 이러한 인식은 동아시아연구원과 일본의 비영리 싱크탱크인 겐론(言論)NPO가 매년 실시하고 있는 한·일 상호인식 조사(2021년도 조사)에서도 나타난다. 즉, 한국 국민은 일본의 사회 및 정치 체제에 대한 인식에서 일본을 '국가주의'(35.3%), '군국주의'(50.6%), '대국주의'(31.7%)로 인식하는 반면, '평화주의'는 4.6%에 불과하다.

즉, 한국에서는 과거 제국주의 일본의 경험이 여전히 뇌리 속에 깊이 남아 있는 반면에 전후 일본의 평화주의에 대한 기억은 강하게 남아 있지 않다. 특히 제2차 세계대전 당시 최강국이었던 미국과 태평양에서 강렬하게 저항했던 일본군의 모습은 여전히 일본에 대한 과거 이미지와 대국 이미지를 한국 사람들에게 남기고 있다.

반면 일본 사람들은 일본을 대국으로 생각하지 않는다. 한국과 마찬가지로 일본은 주변 강대국, 즉 지정학적으로 미국, 중국, 러시아에 둘러싸인 상대적으로 작은 국가라고 생각한다. 특히 일본 사람들은 일본이 현재 군사대국이라는 점을 잘 받아들이지 않는다.

과거 태평양전쟁에서 세계 최강국 미국과 항공모함을 가지고 태평양에서 맞붙었던 것은 과거의 일이며, 전후 일본은 평화헌법, 비핵 3원칙, 전수방위(專守防衛, exclusive defence) 원칙과 같은 국내 제도적 제약 아래 비군사적이고 평화적인 국가를 유지했다는 것이다.

한국 사람들은 최근 들어 일본이 군사대국의 길에 본격적으로 들어서고 있다고 생각한다. 특히 2010년대 이후 아베 신조(安倍晋三) 정부에서 추진한 일본의 보통국가화 작업은 일본이 기존의 평화국가에서 전쟁이 가능한 보통국가로 변화하고 있는 것이라고 인식하게 만들었다.

그런데 일본이 군사대국의 길에 들어섰다는 것을 단순히 군사력 증강만으로 해석하기에는 일본만의 특수한 여러 조건이 존재한다. 예를 들어 군사력 증강의 객관적 수치라고 할 수 있는 국방 예산 규모를 봤을 때, 2022년 한국의 국방 예산은 55조 2,277억 원, 2022년 일본의 방위 예산은 5조 4,005억 엔(약 57조 원)으로 그다지 차이가 발생하지 않는다.

과거에는 일본의 국방 예산이 국내총생산(GDP) 대비 1%를 넘지 않으면서도 한국 국방 예산과 2배 이상 차이가 났었다. 그만큼 일본의 경제 규모가 한국의 경제 규모와 비교가 안 될 정도로 컸다는 것을 의미하지만, 최근에는 한국의 경제 규모가 크게 증가하면서 양국 간 국방 예산 격차는 줄어들었다. 오히려 이제는 한국의 국방 예산 증가 경향을 두고 일본 내에서 한국이 군사대국화를 추구하고 있다고 경계하고 있을 정도다.

따라서 일본의 군사대국화라는 경향을 알아보기 위해 여기에서는 일본의 안보 상황을 염두에 둔 네 가지 기준을 통한 군사대국 개념에 대한 '조작적 정의'를 시도한다. 네 가지 기준은 바로 '평화헌법 개정 문제', '방위비(국방비) 예산 증가', '미·일동맹의 역할 변화', '일본 국내 여론의 변화'다. 이렇게 제시한 일본의 안보 관련 네 가지 변화를 통해 일본의 군사대국화가 진행되고 있는지 여부를 판단할 수 있다.

하지만 일본이 군사대국화를 추진하는 데에는 여러 가지 한계 요인도 존재한다. 특히 일본이 중국과 북한이라는 외부 위협 증가를 통한 엄중한 국제 정세 변화에 대응하려고 하지만, 국가 능력의 한계 및 일본 인구구조의 고령화, 소자화(少子化: 저출산)와 같은 일본 사회 변화, 그리고 여전히 일본 내에서 강하게 남아 있는 평화주의의 이미지는 일본이 군사대국화를 추진하는 데 한계 요인으로 제시할 수 있다.

다음으로 일본이 과거에 어떠한 국가 노선을 선택하면서 군사대국화를 억제해 왔고, 현재 어떠한 국가 노선을 선택하고 있는지에 대해 알아보자.

일본의 국가 노선과 보통국가화 진행

전후 일본의 국가 노선을 결정하는 데에는 '평화헌법'(9조)과 '미·일 안보 체제'가 가장 중요한 요소로 작용했다. 사실 일본이 군사대국화를 지향하는 것인지 아닌지에 대한 논쟁은 바로 전후 일본의 '평화헌법 9조와 미·일 안보 체제'에 따른 일본 안보정책의 '엇갈림'으로부터 기인한다. 즉, 1948년 이후 소련의 원자폭탄 개발, 중국의 공산화에 따라 냉전이 본격화됐고, 냉전이 본격화되기 이전인 1947년에 시행된 '평화헌법'과 냉전 이후인 1951년에 성립된 '미·일안보조약(미·일동맹)'의 모순이 일본 안보정책에 태생적으로 존재한다는 것이다.

즉, 냉전이 본격화되기 이전에 맥아더(Douglas MacArthur) 사령부에서 만든 평화헌법과 이후 냉전의 격화 속에 맥아더 사령부의 역코스(reverse course) 정책 및 6·25전쟁 발발에 따라 자위대가 창설되고 미·일 안보조약이 맺어지는 등 미·일 안보 체제와 평화헌법은 역사적으로 다른 배경에서 탄생했던 것이다. 결국 미·일동맹을 바탕으로 하는 '미·일 안보 체제'는 일본의 '평화헌법'과 양립할 수 없는 존재였다.

이러한 모순을 해결하기 위해서는 평화헌법을 개정하거나 미·일 안보 체제 협력의 구체화가 요구됐다. 이러한 관점에서 아베 총리가 주장했던 보통국가화는 바로 '평화헌법'과 '미·일 안보 체제'에 따른 일본 안보정책의 '엇갈림'이라는 태생적 모순을 해결하기 위해 평화헌법 개정과 함께 미·일동맹 강화에 따른 미국과 일본의 역할 분담 및 재정의를 모색하는 것이다.

한편 제2차 세계대전 패전 이후 일본은 전쟁으로 피폐해진 경제를 재건하는 것이 가장 시급한 과제였다. 이때 요시다 시게루(吉田茂) 총리는 일본의 안보를 미국에 의존하면서 방위 예산을 절약하고, 그 비용으로 경제 발전에 전념한다는 '요시다 노선(Yoshida Line)'을 주장했다. 이후 요시다 노선은 일본이 미국의 안보정책과 관련된 협력 사안에서 경제적 지원에 한정하는 등 일본의 소극적 안보 역할을 대표하는 형태로 유지돼 갔다. 즉, 전후 일본은 '요시다 노선'에 따라 경제 성장에 전념하면서 안보는 '미·일동맹'에 전적으로 의존했다.

이러한 전후 일본의 요시다 노선은 냉전 기간 동안 그의 후계자들에 의해 계속해서 유지됐다. 하지만 1991년 발생한 걸프전에서 이라크의 쿠웨이크 침공을 응징하기 위한 미국 중심의 다국적군이 결성됐고, 미국은 일본에 협력을 요청했다. 일본은 평화헌법 체제에서 다국적군 형태의 직접적인 참가는 불가능했고, 대신에 130억 달러에 달하는 금전적 지원을 제공했다. 하지만 정권 회복에 성공한 쿠웨이트 정부가 신문 광고를 통해 감사 인사를 표명한 국가 리스트에서 일본은 빠져 있었고, 일본은 상당한 충격을 받았다.

이를 계기로 오자와 이치로(小澤一郎) 전 자민당 간사장은 평화헌법 개정을 통한 일본의 국제 공헌 확대를 주장하는 '보통국가' 논의를 전개했다. 그리고 아베 전 총리 역시 2010년대 들어 장기 집권 기간 동안 미·일동맹 강화와 함께 적극적 평화주의에 기반한 국제 공헌 확대 및 평화헌법 개정을 통한 '보통국가 일본'을 주장했다.

한편 일본 내에는 혁신(진보) 세력을 중심으로 유일한 피폭국가인 일본이 평화주의에 입각한 국가 정체성을 가져야 한다고 주장하는 세력이 존재하는 반면에, 일본 우익 세력을 중심으로 미·일동맹도 필요없고 일본의 핵무장 보유 등 일본의 독자적인 국방력 강화를 통해 과거 군국주의 시절과 유사하게 강한 일본으로의 복귀를 희망하는 세력도 존재한다.

이와 같은 일본 내 국가 노선을 둘러싼 다양한 논의와 관련해서 동북아역사재단의 이명찬 명예연구위원은 '(미·일)동맹과 자주', '(평화헌법) 개헌과 호헌'이라는 동맹과 군사력의 역할에 따라 일본의 국가 노선을 네 가지 형태로 규정하고 있다.

첫 번째 국가 노선은 '평화국가' 노선이다. 일본의 혁신(진보) 세력이 주장하는 내용이며, 미·일동맹의 폐기와 평화헌법을 지키면서 일본을 평화국가로 만들어 나가는 것이다. 하지만 전후부터 현재까지 자민당 중심의 1당 중심 체제가 지속돼 오면서 집권에 성공하지 못한 혁신 세력이 주장하는 평화국가 노선은 국가 노선으로 정착할 수 없었다.

두 번째 국가 노선은 '통상국가' 노선이다. 전후 일본의 대표적인 국가 노선이며 앞서 언급한 요시다 노선이 여기에 해당된다. 즉, 미·일동맹과 평화헌법을 통해 일본의 군사대국화를 억제하면서 오로지 경제 성장에 전념함으로써 전후 경제대국 일본을 완성하는 데 일조했다.

세 번째 국가 노선은 '보통국가' 노선이다. 아베 신조(安倍晉三) 전 총리가 대표적인 인물로서 미·일 동맹을 강화하고 평화헌법을 개정하면서 일본의 국제 공헌 확대를 위해 정상적이고 보통의 국가를 만들어야 한다는 노선이다. 탈냉전과 함께 보통국가 논의가 본격화됐으며, 2010년대 아베 정부에서 보통국가화가 본격적으로 추진됐고, 현재 일본의 보통국가화는 평화헌법 개정만을 남겨둔 상황이다.

네 번째 국가 노선은 '권력국가' 노선이다. 미·일동맹 파기와 평화헌법 개정을 통해 자주적이고 강한 국방력을 보유한 대국 일본을 지향하는 국가 노선이다. 권력국가 노선은 일본의 핵무기 보유까지도 시야에 넣으면서 일본 주변의 강대국인 중국과 미국에 자주적으로 대응할 수 있는 국방력 강화를 주장한다.

위와 같은 국가 노선에 따르면, 일본은 냉전 기간 동안 평화헌법을 지키면서(호헌) 미·일동맹을 유지한 '통상국가' 노선을 유지했지만, 냉전 이후인 걸프전 이후 보통국가 논의가 부상했고, 2010년대 아베 정부 집권 이후 현재까지 평화헌법 개정(개헌)을 추진하면서 미·일동맹을 강화하는 '보통국가' 노선을 추진하고 있다는 해석이 가능하다. 이와 같이 보통국가의 길을 걷고 있는 일본이 향후 '권력국가', 즉 군사대국의 길로 들어설지에 대해서는 다양한 견해가 엇갈리고 있다.

그렇다면 일본이 보통국가를 넘어 권력국가로 들어서는 길, 즉 군사대국화의 길을 걸을지에 대해 앞서 언급한 일본의 군사대국화에 영향을 주는 네 가지 요인을 중심으로 설명한다.

• • • • • • •

평화헌법 개정 문제

일본은 전후 평화헌법이라는 제도적 틀을 통해 군사적 확장을 억제했다.

전후 초기부터 미·일동맹과 한국전쟁 이후 창설된 자위대와 관련해서도 전쟁 금지를 표명한 평화헌법과 충돌하면서 헌법 위반이 아니냐는 문제가 혁신세력을 중심으로 제기됐다.

이러한 과정에서 평화헌법 제66조에 규정된 '문민통제' 원칙은 방위청(현재 방위성)과 자위대 조직에 철저히 반영됐다. 또한 일본 정부는 이후에도 무기 수출 금지 3원칙(1967년), 비핵 3원칙(1968년), 우주의 평화적 이용 원칙(1969년), 방위비 GNP(현재는 GDP) 1% 이내 원칙(1976년) 등 억제적 방위 정책을 표명했다.

또한 전수방위 원칙과 공격용 무기 비보유 원칙을 표명하고, 1976년에 책정된 방위계획대강에서는 '기반적 방위력(基盤的 防衛力)' 개념이 공표돼 일본은 최소한의 방위력만 보유하게 됐다. 게다가 1950년대 후반부터 '집단적 자위권' 보유 여부가 논란이 됐지만, 일본 정부는 '집단적 자위권'을 원칙상 보유하나, 행사하지 않는다는 입장을 견지했다.

이와 같은 억제적 방위정책과 함께 1970년대 말에 일본은 '종합안전보장(comprehensive security)' 개념을 도입했다. 전후 일본은 안보 개념으로서 단순히 침략에 대비하는 것뿐만 아니라 경제 등 다양한 분야에서도 국가 목표를 내세웠고, 국가 목표 달성을 위해서는 군사적 요소를 최소화하고 비군사적 수단을 최대한 활용하려는 기본 방침에서 종합안전보장이라는 개념이 탄생했다.

1970년대 말 오히라 마사요시(大平正芳) 내각에서 종합안보 연구를 위한 연구회가 설치됐고, 종합안보에 대한 검토 결과를 정부에 제출하면서 이후 종합안전보장은 일본 안보의 기본 방침으로 공식화됐다.

하지만 2012년 집권한 아베 정부는 전후 억제적 방위정책 기조에서 탈피해서 '보통국가 일본'을 달성하기 위한 좀 더 능동적인 형태의 방위정책 전환을 시도했다. 이러한 시도는 아베 정부 출범 이후 연이은 방위정책 관련 정책 발표로 나타났다. 즉, 2013년 12월 17일에 전후 최초로 '국가안전보장전략'을 책정했고, 동시에 2010년 개정된 방위계획대강을 수정해 '방위계획대강 2014'를 발표했다. 특히 국가안전보장전략은 평화헌법, 전수방위 원칙 등 전후 일본의 억제적 방위정책 기조의 대전환을 의미했다.

아베 정부는 방위정책 기조의 전환을 계기로 2014년 7월에 집단적 자위권 행사 용인 각의 결정, 2015년 4월에 미·일 방위협력지침(가이드라인) 개정, 그리고 9월에는 안보 관련 법제를 국회에서 통과시켰다. 이러한 아베 정부의 방위정책 전환 기조는 현재 기시다 후미오(岸田文雄) 총리가 계승하면서 아베 총리가 추구하는 '보통국가 일본' 실현을 위한 마지막 단계라고 할 수 있는 평화헌법 개정 추진을 공언하고 있다.

평화헌법은 1948년 제정 이래 단 한 번도 개정되지 않고 70여 년을 이어오고 있다. 특히 평화헌법 제9조는 전쟁 포기와 비무장 정신을 명확하게 규정하고 있으며, 헌법 개정론자들은 제9조가 자위대의 활동을 제약하고 위축시킨다고 인식한다. 그동안 일본 정부는 유사 법제의 제·개정과 헌법 해석 변경을 통해 임시방편으로 자위대 합헌, 자위대 해외 파병 등을 실현시켰다.

그리고 아베 총리는 2017년 5월에 평화헌법 개정을 공언하면서 평화헌법 조항을 그대로 두고 자위대의 존재를 새롭게 추가하는 방안을 제안했다. 일본의 집권여당인 자민당의 헌법개정추진본부는 헌법개정안에 평화헌법 9조 1항과 2항은 그대로 두고 자위대를 '방위 실력 조직'으로 명기하면서 자위대에 '일본을 방위하기 위한 필요최소한도의 실력 조직'으로 지위를 부여하는 방안을 추진했다. 또한 총리대신이 내각을 대표해서 자위대의 최고지휘감

독권을 가지며, 국회 승인 등 기타 민주적 통치제도에 복종한다는 내용을 헌법개정안으로 구상했다.

이와 같은 내용은 그동안 헌법 해석 변경과 같은 수동적인 방법으로 자위대 활동의 확대를 모색했다면, 이제는 평화헌법 9조의 전쟁 포기와 비무장 조항을 개정해 자위대를 군대로 격상시킨 후 군대 보유를 정상화하고, 자율적인 군사 활동을 통해 군사대국으로 나아가겠다는 발상인 것이다.

방위비 예산 증가

아베 정부가 추진했던 적극적 안보정책의 전개는 2012년 아베 정부 이후 현재 기시다 정부까지 지속적인 방위 예산 증가로 나타났다. 일본은 요시다 노선에 따른 억제적 방위정책 기조 아래 방위 예산을 GDP 대비 1% 이내로 유지해 오고 있다. 2012년 아베 총리 집권 이후에도 방위비는 매년 전년도 대비 2~4%대의 증가 추이를 나타냈지만 여전히 GDP 1% 이내에 머물러 있다.

일본의 2022년도 방위 예산은 전년도보다 1.1% 증가한 사상 최대 규모인 5조 4,005억 엔 규모로 편성됐고, 이는 2012년 12월 아베 총리의 재집권 이후 10년 연속 증가세를 유지하고 있는 것이다. 일본 정부는 중국의 군사력 강화와 북한의 핵/미사일 개발 진전에 따른 대응 차원에서 증액을 결정했다.

이런 가운데 미국과 자민당 내에서 글로벌 차원의 미·일동맹 강화와 자체 방위력 증강 차원에서 GDP 1% 구조를 허물 것을 요구하는 목소리가 나오기 시작했다. 리처드 아미티지(Richard Armitage) 전 국무부 부장관과 조지프 나이(Joseph S. Nye, Jr.) 하버드대 교수 등은 '21세기 미·일동맹의 쇄신'이라는 정책제언집을 통해 중국과 북한 위협을 근거로 일본 정부에 GDP 1% 이상의 방위비 지출을 요구했다.

또한 자민당 내 안전보장조사회도 방위비의 대폭 증가를 제언했다. 즉, 역대 정부가 기준으로 삼은 GDP 1% 수준을 재검토해서 북대서양조약기구(NATO)가 가맹국에 요구하는 GDP 대비 2%를 참고로 할 것을 요구했다. 안전보장조사회는 먼저 일본을 둘러싼 주변 환경을 '전후 최대의 위기적 정세'라고 강조하면서 중국의 국방비 급증 및 우주, 사이버 위협과 같은 새로운 안보 위협 등을 열거했다.

이러한 움직임은 2021년 중의원 선거에서 자민당이 선거공약을 통해 GDP 1% 이내로 억제되고 있는 방위비를 "2% 이상도 염두에 두고 증액을 목표로 한다"라는 내용을 내세우게 만들었다. 방위비 2% 이상 논의는 2022년 2월 24일 러시아가 우크라이나를 침공하면서 더욱 본격화되고 있다. 특히 제2차 세계대전 패전국인 독일 역시 국방비를 GDP 대비 약 1%대(2021년 1.5%)로 억제해 왔지만, 러시아의 우크라이나 침공 이후 2% 이상 인상 방침을 표명했다. 이러한 독일 사례를 들어 자민당 내에서는 방위력 강화를 위한 방위예산 증액을 요구하는 목소리가 더욱 높아지고 있다.

하지만 일본 내에서는 대체로 GDP 대비 2% 수준의 방위비 책정은 현실성을 결여한 주장이라는 목소리가 강하다. 먼저 자민당과 연립정부를 구성하고 있는 공명당은 방위비 증액에 대해 "갑작스러운 증액 논의는 현실적이지 않다"고 하면서 부정적인 입장이다. 무엇보다 일본 경제가 고도경제성장 시기와는 다르며, 일본 사회의 고령화, 소자화가 진행되면서 사회복지와 같은 '생활정치'에 더 많은 국가 예산이 투입되기를 국민들이 원하기 때문이다. 게다가 2020년 이후 코로나19 발생과 함께 여기에 대응하면서 경제 회복을 모색하기 위해서는 국가 예산이 막대하게 소요되고 있는 상황이다.

게다가 최근 방위장비는 매우 고도화되면서 고가 장비가 많아지고 있다. 특히 미·일동맹 강화와 함께 미국산 최첨단 방위장비를 구매하면서 구매비용 및 유지비용이 증가해 일본의 방위 예산 편성에 많은 어려움을 주고 있다. 일본의 주변국도 최신예 장비를 갖추고 있는 상황에서 일본 정부는 효과적으로 필요한 방위 예산을 증가시키려는 계획에 고심 중이다.

미·일동맹의 역할 변화

미·일동맹의 핵심적 역할은 주일 미군의 일본 주둔이다. 냉전 시기 주일 미군의 역할은 크게 두 가지였다. 첫째는 일본 열도(日本列島)의 방어 목적이었으며, 둘째는 일본을 넘어 동아시아 지역의 안정된 안보 질서 유지였다. 특히 주일 미군은 일본의 군국주의 부활을 막는 역할, 즉 '병마개 역할(瓶の蓋)'을 담당했다.

주일 미군의 '병마개 역할' 논의는 1970년대 데탕트 시기 미국과 중국의 화해 과정에서 헨리 키신저(Henry Kissinger) 대통령안보담당보좌관이 저우언라이(周恩來) 총리와의 회담에서 주일 미군의 일본 주둔을 비판한 중국에 대해 주일 미군이 일본의 군국주의 부활 및 군사대국화를 억제하고 있다고 주장하면서 알려졌다. 마찬가지 논리로 한반도에 주둔하고 있는 주한 미군 역시 북한의 남침을 방어하는 역할 이외에도 이승만, 박정희 정부의 독자적인 북진을 막기 위한 '병마개' 역할을 담당했다.

미·일 안보 체제는 전후 비군사화에 따라 군사력을 갖지 못하는 일본이 냉전이 진전되고 유엔의 집단안보 시스템이 기대한 만큼 기능하지 못하는 가운데 샌프란시스코 강화회의 이후의 안보를 미국의 군사력에 의존할 것을 선택하게 만들었다. 샌프란시스코 강화조약에서 '일본의 시설(기지)'과 '미국의 군대' 사이에 '계속적 협력'이 정해졌다. 이를 통해 미군이 강화회의 이후에도 계속해서 일본에 주둔하고, 일본의 기지를 이용해서 극동과 일본의 안전에 기여하는 것을 가능하게 했다.

이와 같은 '물건(物: 기지)과 사람(人: 미군)의 협력'을 기반으로 하는 미·일 안보 체제는 현재 '사람(人: 미군)과 사람(人: 자위대)의 협력'이라는 형태로 발전하고 있다. 원래 '사람과 사람의 협력'은 1970년대부터 제기돼 왔는데, 원래 의미는 일본의 영토 및 일본 기지에 주둔하는 미군을 미·일 양국이 공동으로 방위하는 것, 구체적으로는 자위대와 미군의 협력을 의미하는 것이다.

즉, 일본을 미·일이 공동으로 방위한다면 일본은 미국과 집단적 자위의 관계에 서게 되며, 이런 관계이기 때문에 일본은 미군이 일본에 주둔하는 것에 동의한다라는 논리가 성립된다. 또한 이것은 미·일 양국이 '평등한 파트너'로 상호 간의 안전에 협력하는 관계를 만들어 나가겠다는 일본 정부의 고심(苦心)이 표현된 것이다.

일본은 대미 안보정책에서 방위비 분담을 통해 미·일동맹을 유지 및 발전시켜 왔다. 하지만 트럼프(Donald J. Trump) 행정부 이후에는 미국이 동맹국 일본에 동등한 부담 및 대등한 협력을 요구하게 되면서 일본은 좀 더 적극적이고 주도적인 역할 분담을 통해 대등한 미·일동맹을 형성해 나가고 있다.

또한 미국은 지금까지 일본이 공격 능력을 갖는 것에 부정적이었다. 특히 일본의 공격 능력 확보는 중국과의 군비 경쟁을 비롯해 동아시아 전체의 안보 딜레마를 야기할 수 있기 때문이었다. 따라서 미국이 '창(타격 능력)'을 제공하고 일본은 '방패(방어 능력)' 역할로서 '전수방위'에 전념하는 미·일 안보 체제가 동아시아 지역의 군사 균형 유지에 도움이 된다는 논리였다.

하지만 최근에는 중국의 군사력 증강과 북한의 핵 개발 및 탄도미사일 위협으로 동아시아 지역 내 군사 균형의 변화가 나타나면서 일본에 '짧은 창'을 가지게 함으로써 군사적 억제력 강화로 연결시킨다는 생각이 늘어나고 있다. 특히 미국은 향후 일본이 미사일 방어의 일환으로 순항미사일과 같은 공격용 무기뿐만 아니라 사이버, 전자전과 같은 새로운 안보 영역에서도 공격 능력을 가질 필요가 있다고 강조한다. 이처럼 일본을 둘러싼 안보환경의 변화는 대등한 미·일 관계 발전과 함께 '방패와 창'이라는 기존 미·일의 역할 분담에 대해서도 재검토를 요구하고 있다.

일본 국내 여론 변화

현재 기시다 정부는 전임 아베 정부와 마찬가지로 평화헌법 개정을 추진하고 있지만 잘 진행되지 않는 이유는 국민 여론의 전폭적인 지지가 없기 때문이다. 2012년 아베 정부 출범 이후 아사히신문에서 실시한 여론조사에 따르면, 평화헌법 9조 개정에 대해 반대는 53%로 찬성(32%)을 압도했다.

또한 헌법 개정을 용이하게 하기 위해 헌법 발의 요건을 중의원과 참의원 3분의 2 찬성에서 과반 찬성으로 완화하는 문제(헌법 96조 개정)에 대해서는 반대(43%)와 찬성(41%)이 비슷했다. 특히 일본 국민들은 자민당 정부가 중시하는 헌법 개정을 시급한 국정 현안이 아니라고 생각했는데, 아베 정부가 중시해야 할 정책에서 헌법 개정은 단 3%에 머물렀다.

하지만 일본 사회의 우경화 분위기와 우익 세력의 평화헌법 개정을 위한 끊임없는 노력, 자위대의 해외 파병 활동 증가에 따라 평화헌법 개정에 대한 찬반 비율은 기존 4.5 대 5.5 정도에서 점차적으로 개헌 찬성 여론이 높아져 가고 있다. 니혼게이자이신문 계열사인 닛케이리서치가 2021년 11~12월 18세 이상 전국 남녀를 상대로 실시한 우편 여론조사(유효 응답률 55.4%)에서 "개헌하는 편이 좋다"는 의견은 65%로 "개헌하지 않는 편이 좋다"는 의견(31%)의 두 배에 가까웠다.

2018년 첫 조사에서는 "개헌하지 않는 편이 좋다"는 답변이 50% 수준으로 개헌 찬성을 웃돌았으나, 2019년 조사 때 역전됐고 양측의 차이가 점차 벌어진 것이다. 이와 같이 전반적인 평화헌법 개정에 대한 찬성 여론은 증가하고 있지만, 평화헌법 9조처럼 안보 문제와 관련된 구체적인 내용에 대한 국민적 공감대는 아직 부족한 상황이다.

일본 정부가 방위력 강화를 모색하는 데에는 무엇보다 북한과 중국의 군사적 위협에 대한 인식이 강하게 작용하고 있다. 특히 중국의 경제 성장에 따른 군사력 증강과 홍콩, 신장위구르 지역에 대한 인권 침해와 관련해서 일본 국민 여론은 매우 부정적이다. 일본 내각부가 2022년도에 실시한 여론조사에서 중국에 "친근감을 느끼지 않는다"는 79.0%로 "친근감을 느낀다" 20.6%보다 훨씬 높게 나타났다. 2021년도 닛케이리서치 여론조사에서도 "중국이 싫다"는 답변은 78%였고 "좋다"는 의견은 8%에 불과했다. 게다가 중국을 위협으로 느끼는 응답자(90%)의 비율이 북한을 위협으로 생각하는 이들(83%)의 비율보다 높았다.

또한 내각부 여론조사에서 북한에 대한 관심 사항을 묻는 질문에도 '일본인 납치 문제'가 79.8%, '미사일 문제' 77.8%, '핵 문제' 65.5%로 나타났는데 2021년 조사와 비교해 보면 '일본인 납치 문제(83.3%)', '핵 문제(70.1%)'는 응답 비율이 줄어든 반면, '미사일 문제(73.2%)'는 증가했다. 이러한 변화는 2020년 4월 북·미 간 하노이 정상회담 결렬 이후 북한이 각종 미사일 발사 시험을 계속하고 있는 가운데 일본 국민들이 북한의 미사일 발사 시험을 상당한 안보 위협으로 느끼기 때문이다.

일본이 방위력을 증강하는 데에는 주변국의 위협이라는 요인도 있지만, 아베 전 총리가 적극적 평화주의를 내세우면서 일본이 국제사회에서 더 많은 국제 공헌을 하겠다는 명분도 있었다. 이를 위한 대표적인 것이 일본의 유엔 안전보장이사회 상임이사국 가입 시도와 유엔 평화 유지 활동의 적극적 참여다.

2022년 내각부 여론조사에 따르면, 일본이 유엔 안전보장이사회 상임이사국에 가입하는 문제에 대해 찬성 비율은 88.2%로 반대(8.8%)보다 월등히 높았다. 그 이유로는 "비핵보유국으로 평화주의를 이념으로 하는 일본이 가입하는 것이 세계 평화에 도움이 된다"는 응답이 25.3%, "일본은 유엔에 막대한 재정적 공헌을 하고 있음에도 중요한 의사결정에 참여하지 못하는 것은 이상하다"가 22.6%, "세계에서 일본의 지위를 감안할 때, 세계 평화 구축을 위해 적극적으로 참여해야 한다"가 22.3%로 높게 나왔다.

또한 일본의 유엔 국제 평화 유지 활동에 대한 참여 문제와 관련해서는 "지금 이상으로 적극적인 참가"가 23.0%, "지금 수준의 참가 계속"이 61.2%, "참가해야 하지만 가능하면 적어야 한다"가 10.3%였으며, "참가할 필요가 없다"라는 응답은 불과 1.1%에 머물렀다. 이처럼 일본이 유엔에서의 지위 향상과 역할 증대에 우호적인 지지를 나타내고 있다.

지금까지의 결과를 종합적으로 분석하면 다음과 같다. 첫째, 일본 국민들은 일본의 국제사회에서의 적극적인 공헌에 긍정적인 평가를 내리고 있다. 둘째, 일본 국민들은 중국과 북한과 같이 일본과 정치 체제와 가치관을 공유하지 않는 국가의 군사적 위협에 위기감을 느끼고 있다. 셋째, 일본 국민들은 이러한 요인들에 대응하기 위해 평화헌법 개정에 점차적으로 호의적인 여론으로 변하고 있지만, 평화헌법 9조와 같은 구체적인 내용에 대한 개정 문제는 여전히 신중한 입장이다.

일본의 군사대국화 진행의 한계

이와 같이 일본은 군사대국을 향한 움직임을 강화해 나가고 있다. 하지만 일본이 군사대국을 통한 권력국가 역할을 할 수 있는지에 관해서는 현실적으로 많은 한계 또한 존재한다. 즉, 일본의 군사대국화 추진에는 여러 가지 국가적 능력과 역할 증대가 필요하지만 현재 상황에서는 다음과 같은 한계가 존재한다.

첫째, 일본의 전체적인 경제 능력 등 국가 능력의 정체 상황이다. 일본의 경제력은 GDP의 세계 비율에서 2006년 12%에서 2035년에는 5% 정도로 축소될 것으로 전망된다. 따라서 향후 일본은 세계에서 경제적으로 커다란 영향력을 갖지 못할 것으로 예측된다.

특히 일본은 과거 세계적인 과학기술 능력을 과시했다. 일본의 과학기술 분야에서 노벨상 수상자 수는 세계 5위 수준이다. 특히 2000년대 이후는 미국에 이어 두 번째로 많다. 여기에는 기업을 포함해서 기술 혁신을 지원하는 연구를 중시하는 일본의 연구 자세가 평가된 것으로 분석할 수 있다. 하지만 앞으로의 전망은 부정적이다. 일본 국가 재정은 악화되고 있고, 대학의 연구 기반은 위기적인 상황에서 세계 대학 랭킹 지표에서도 일본의 지위는 계속해서 하락하고 있다.

현재 일본의 최대 라이벌 국가는 중국이다. 그런데 일본과 중국의 경제력 격차는 점점 벌어지고 있다. 2010년 중국의 GDP가 처음으로 일본을 넘어서면서 일본은 세계 3위 GDP 국가로 내려갔고, 당시 일본 국민들은 엄청난 충격을 받았다. 그 이후에도 중국의 고도 성장이 지속되고 일본과의 경제력 격차가 더욱 벌어지면서 일본은 중국의 부상(浮上)을 현실로 인정하기 시작했다. 중국은 성장하는 경제력을 바탕으로 군사력을 증강하고 있으며, 일본은 군사력에서도 중국의 발전 속도를 따라잡지 못하고 있는 상황이다.

앞서 언급한 닛케이리서치의 2021년도 여론조사에서 일본의 경제력을 어떻게 평가하느냐고 질문했더니 "강하다"는 답변은 20%에 그쳤다. 이것은 2018년 조사(37%) 때보다 17% 하락한 것이다. 또한 일본의 경제력이 약하다는 답변은 같은 기간 32%에서 43%로 11% 증가했다. 특히 일본 국민들이 경제 성장의 동력 중 자부심을 갖고 있는 기술력에 대한 평가에서 "기술력이 강하다"는 답변은 3년 전보다 17% 하락한 58%였다. 또한 일본의 군사력, 외교력, 정치력에 대한 평가도 "강하다"는 응답이 각각 9%, 5%, 5%에 불과했다.

이처럼 일본의 객관적 국력뿐만 아니라 국민들이 체감하는 일본의 국력 및 미래 국가 능력에 대한 부정적인 인식을 고려했을 때, 일본이 군사대국을 통한 권력국가로 발전하는 데는 많은 한계가 존재한다.

둘째, 일본 사회의 전반적인 고령화, 소자화 등 국가 발전의 한계가 구조화돼 있다는 점이다. 중국, 인도, 동남아시아 신흥국과 비교해서 일본은 초고령 사회에 진입했고, 저출산 문제로 대표되는 소자화 현상은 일본의 성장 동력에 커다란 장애 요인으로 작용하고 있다. 그런데 이러한 인구구조 변화는 일본의 경제 성장에만 영향을 주는 것이 아니다. 일본 안보에도 커다란 제한 요소로 다가오고 있다.

예를 들어 일본 인구구조의 소자화는 일본 자위대를 운용할 수 있는 인력 부족이라는 문제를 야기하고 있다. 특히 자위대는 전수방위 원칙을 표명하고 있지만 아베 정부 들어 적극적 평화주의 입장, 집단적 자위권 행사 인정으로 인해 유엔 평화 유지 활동, 분쟁 지역에서 위험한 임무 참여, 최신 무기 배치 등 군비 확장이 진행되고 있다. 이러한 가운데 이를 운용하거나 참여할 수 있는 자위대원의 부족 현상이 나타나고 있다.

이에 따라 2018년 12월에 각의 결정한 방위계획대강은 자위대의 인재 확보를 긴급한 과제로 규정하면서 '인적 기반 강화'를 최우선 사항 중 하나로 내걸었다. 따라서 일본 사회의 인구구조의 변화에 따라 향후 자위대의 인재 확보 문제는 일본 안보에도 관련 있는 문제로 대두될 것이다.

셋째, 평화국가 일본에 대한 국민들의 인식이 여전히 강하다는 점이다. 특히 일본의 군사대국화의 정점이라고 할 수 있는 일본의 핵무기 보유에 대한 일본 국민들의 반대는 매우 강하다.

예를 들어 2016년부터 이어진 북한 핵실험은 일본 내에서 비핵 3원칙 중 제3원칙 '반입' 원칙을 둘러싼 논의를 불러일으켰다. 특히 자민당의 이시바 시게루(石破茂) 전 방위상은 북한의 제6차 핵실험 이후 역대 내각이 계승해 온 "(핵무기를) 보유하지 않고, 만들지 않고, 반입하지 않는다"라는 비핵 3원칙의 '재검토'를 주장했다. 구체적으로는 핵 탑재 미군 함선의 일본 영해 통과와 일시 기항 문제가 제기됐을 때 이를 인정하는 것이 일본의 억제력을 높이는 방안이라면 허용해야 한다는 것이다.

　단, 일본이 핵을 가지게 되면 핵확산금지조약(NPT) 체제에 영향을 끼친다는 문제 의식에서 유일 피폭국인 일본이 핵을 가지면 다른 국가도 핵을 가져도 된다는 논리가 허용되므로 일본의 핵무기 보유에 대해서는 부정적인 입장을 나타냈다.

　이와 같은 일본 내 보수 세력의 핵무기 보유 혹은 비핵 3원칙 재검토 논의에 대해 일본 국민들은 매우 부정적인 생각을 갖고 있다. 일본 사회에서는 이러한 국민들의 반대 여론을 '핵 알레르기'라는 표현까지 사용한다. 동아시아연구원/겐론NPO의 2021년도 조사에서도 일본 국민의 69.9%가 북핵 위협이 지속되는 상황에서도 일본의 핵무기 보유에 반대했고, 찬성 의견은 9.8%에 불과했다.

　이와 같이 핵에 관련된 일본 국내 여론의 부정적인 분위기에서 아베 내각은 비핵 3원칙의 재검토 논의를 하지 않았고, 향후에도 논의할 생각이 없다고 밝혔다. 또한 현재 기시다 내각에서도 러시아의 우크라이나 침공 이후 동맹국 미국과의 '핵 공유'와 '비핵 3원칙 재검토'과 같은 국내 논의가 등장했지만, 이전 정부와 동일한 입장을 나타내고 있다.

　이처럼 일본은 '가장 불안한 국가'로 대표되면서 일본의 국력은 계속해서 쇠퇴하고 있고, 잠재적 경제 성장이 둔화되고 있으며, 재정 파탄의 위험은 여전히 상존한다. 또한 2030년의 세계 각국의 중심 연령을 비교해 보면 인도 32세, 중국 43세에 비해 일본은 52세로 인구 감소와 고령화의 직접적인 영향을 받을 것으로 전망된다. 일본의 급속한 고령화와 인구 감소는 장기적 성장의 가능성을 현저히 손상시키고 있다.

　결국 일본의 군사대국화는 일본 보수우익 세력의 평화헌법 개정 노력, 방위비 예산의 지속적 증가, 미·일동맹에서 일본의 적극적 역할 변화 및 이에 대한 일본 국내 여론의 긍정적 변화를 통해 진행되고 있는 것처럼 보인다. 하지만 일본 사회의 전체적인 능력과 역할의 한계, 인구구조 변화에 따른 국가 발전의 한계, 국민들의 평화주의에 대한 열망 등은 일본이 군사대국을 통한 권력국가로 나아가는 데 어려움을 줄 것이다.

일본의 원자력 회귀,
무엇 때문일까?

임은정

수수께끼의 나라

일본은 여러 가지로 수수께끼의 나라다. 민주국가임에도 불구하고 자민당이 수십 년 동안 계속 집권하는 것도 이상하고, 어마어마한 국가 부채를 안고 있지만 여전히 세계 3위 경제대국의 지위를 유지하고 있는 것도 부자연스럽다. 평화헌법에 근거하면 자위대는 '군대'가 아니지만 군사력은 세계적 수준으로 막강하다는 것도 의아하다. 심지어 인류 역사에 유일한 피폭국이면서도 원자력 에너지 추진을 국책으로 삼아, 2011년 3월 11일 동일본 대지진과 함께 벌어진 후쿠시마 다이이치 원자력발전소 사고(이하 후쿠시마 원전사고) 전에는 발전량의 30%에 가까운 전기를 원자력 에너지로 공급하고 있었다는 것도 선뜻 납득하기 어렵다. 그런데 더욱 이해하기 힘든 것은 후쿠시마 원전사고로 인한 엄청난 피해를 아직도 수습하기가 요원한데다가, 일본 국민의 원자력 에너지에 대한 신뢰도 온전히 회복된 것이 아님에도 불구하고, 원전 재가동을 추진하면서 원자력 정책이 후쿠시마 원전사고 이전으로 회귀하고 있다는 사실이다.

원자력 에너지로의 회귀는 일본에서만 벌어지고 있는 일은 아니다. 기후변화에 대한 대응이 절체절명의 미션이 된 시대이기 때문에, 전력 생산의 탈탄소화는 가장 시급하고도 중차대한 과제가 됐다. 신흥국에서의 원자력 붐에 더해, 미국이나 유럽에서도 원자력 에너지를 '그린 에너지'로 재평가하는 분위기가 이어지고 있는 것도 그 때문이다. 한국에서도 문재인 정부의 이른바 '탈원전' 방침을 비판하는 탈탈원전(脫脫原電) 주장이 제기되고 있다.

그러나 유독 일본의 원자력 회귀가 이상한 것은 1986년 발생한 체르노빌 원전사고에 이어 인류 역사에 최악의 원전 참사라고 기록된 후쿠시마 원전사고를 겪고도, 그 사고로 인해 수만 명이 아직 힘겨운 피난 생활 중에 있고 오염수 방류를 둘러싼 국내외의 반발이 이어지고 있는데도 불구하고, 일본이 여전히 원자력 회귀를 고집하는 것이 합리적으로 보이지 않기 때문일 것이다. 게다가 한국인의 뇌리에는 '일본의 국가 운영 방식은 군국주의'라는, 제국주의 일본에서부터 이어지는 이미지가 뿌리 깊게 남아 있기 때문에 합리적이지 않은 일본의 원자력 회귀에 다른 불순한 의도가 있는 건 아닌지 하는 의구심마저 들기도 한다. 결국은 우익 세력이 일본을 '보통국가'로 만들려는 것은 군국주의의 부활이며, 그 연장 선상에서 핵무장을 하려는 야심이 있기 때문일 것이라는 등의 추측이 제기되기도 하는 것이다.

애초에 원자력 기술 자체가 평화적 이용과 군사적 이용 모두 가능하다는 양면성이 있다 보니 그런 추측이 제기되는 것도 완전히 틀렸다고는 할 수 없을 것이다. 북한마저도 과거에는 에너지 공급 차원에서 원자력 발전 프로그램을 추진했다고 주장했었다. 지금은 전기 생산이라는 평화적 목적을 위해서만 사용한다고 하지만 똑같은 기술로 언제든지 핵무기를 만들 수도 있는 것이 원자력이 가진 기술적 특성이다 보니, 일본이 지금 가진 기술들을 악용해 핵무장을 할 수 있다는 상상을 하게도 되는 것이다. 게다가 일본은 핵무기 보유국이 아님에도 불구하고 다량의 핵분열물질을 보유한 나라이기 때문에 더욱 이런 의심을 받게 된다. 2021년 초 기준으로 일본은 46미터톤이 넘는 플루토늄과 0.6미터톤의 고농축 우라늄을 보유하고 있다. 이 정도 양이면 수천 개의 핵탄두를 만들 수도 있다. 그러나 5조 달러가 넘는 세계 3위의 경제 규모를 가진, 1인당 GDP가 3만 5천 달러를 넘는 부유한 국가가, 심지어 평균 연령이 50세에 육박하는 늙은 국가가, 이제껏 누려온 것들을 내려놓고 핵무장의 길을 선택할 것이라고 생각하는 것은 근거가 매우 빈약한 억측일 수 있다.

'핵무장 야욕'까지는 의심하지 않는다 하더라도 여전히 우리들 마음 한편에는 일본의 원자력 회귀에 대한 미심쩍음이 남아 있다. 이 글에서는 우리가 상식적으로 갖게 되는 일본의 원자력 회귀에 대한 이런 의문들에 답을 제시하고자 한다. 결론부터 말하자면, 일본의 원자력 회귀는 과거에 일본 스스로가 만들어 낸 정책적 모순들과 이익 사슬의 기제가 강력하게 작동하는 탓이라고 할 수 있다. 이 글을 통해 독자들이 일본 원자력 회귀의 뒷면에 있는 일본 사회의 내부적인 원인들을 이해할 수 있길 바란다.

세 개의 E

일본의 원자력 정책을 이해하려면 우선 일본의 에너지 정책을 이해할 필요가 있다. 그리고 일본의 에너지 정책을 이해하려면 세 개의 E(3E)를 알아야 한다. 세 개의 E란 에너지 안보, 경제성, 그리고 환경의 영어 번역인 Energy security, Economic efficiency, Environment의 앞 글자가 모두 E인 것을 따서 묶은 용어다.

일본은 한국과 같이 영토 내 부존자원이 부족한 자원 빈국으로 경제를 뒷받침하기 위한 에너지원, 특히 화석연료의 공급을 거의 대부분 수입에 의존하고 있다. 이런 근본적인 한계는 외부로부터의 충격이 가해질 경우 일본의 에너지 수급 안정이 심하게 흔들릴 수 있다는 것을 의미하며, 실제로 1970년대 발생한 두 차례의 석유 위기는 일본 경제를 심각한 위험에 빠뜨렸다. 따라서 에너지 공급의 자급률을 높여 에너지 안보를 확보하고자 하는 것은 일본이 에너지 정책을 결정하는 데 언제나 최우선시되는 사안이었다.

경제성 역시 중요하다. 일본이나 한국같이 에너지원의 공급을 수입에 의존할 수밖에 없는 구조에서는 에너지원의 가격 변동이 경제 전반에 미치는 리스크가 너무도 크기 때문에, 에너지원 공급의 경제적 효율성을 높이는 것은 경제 안보와 직결되는 중요한 과제다. 일본은 시장경제의 원리를 활용한 경쟁을 통해 에너지원의 가격경쟁력을 높일 수 있다고 여겨 왔다. 1990년대부터 점진적으로 추진된 전력 시장과 가스 시장의 자유화도 이러한 맥락에서 이해할 수 있다.

마지막으로 환경 측면에서는, 다른 환경 파괴의 요인보다 지구온난화를 일으키는 온실가스의 배출 저감 문제가 가장 중점적으로 다뤄져 왔다. 교토의정서(京都議定書)를 이끌어 낸 제3차 당사국총회(COP 3)의 주최국이기도 한 일본이기에 온실가스 저감을 에너지 정책을 꾸리는 데 우선적으로 고려해야 하는 부분으로 삼아 왔던 것이다.

그런데 세 개의 E는 일본 사회 내에서 결국 원자력 에너지를 뒷받침하는 논리로 활용돼 왔다. 특히 에너지 안보와 환경은 후쿠시마 원전사고 이전에는 원자력 에너지를 옹호하는 이들에게 강력한 근거가 됐다. 예를 들어 아마리 아키라(甘利明)와 같은 대표적인 친원전 정치인은 위의 세 개의 E로 삼각형을 만든다고 할 때, 세 개가 동등하게 중요해서 정삼각형을 형성한다기보다는, 에너지 안보와 온실가스 저감, 두 가지가 더욱 중요하기 때문에 마치 이등변 삼각형 같은 모습을 상상하는 것이 타당하다는 주장을 펼치기도 했다.

그러나 후쿠시마 원전사고가 터지면서 3E가 원자력 에너지를 떠받쳐 오던 논리가 흔들릴 위험에 처하게 됐다. 이에 일본 정부는 '안전(Safety)'을 기본 전제로 한다고 함으로써 3E의 기조를 무너뜨리지 않고 이어갔다. 이른바 '3E+S'라는 개념을 내놓은 것인데, 이는 S가 대전제라는 상정 위에 3E를 얹은 것으로, 차라리 S+3E라고 이해하는 편이 타당할 것이다. 요컨대 중요한 것은 일본 정부가 후쿠시마 원전사고 이후에도 3E를 일본의 에너지 정책을 수립하는 데 가장 근간이 되는 논리로 계속해서 활용하고 있다는 것이며, 3E가 원자력 에너지를 떠받치는 논거로 활용되고 있는 것 역시 크게 바뀌지 않았다는 것이다.

현재 일본은 자국의 에너지 자급률을 후쿠시마 원전사고 이전(약 20%)보다 더욱 끌어올리겠다는 방침이다. 아울러 사회적 부담이 되고 있는 전기 생산의 비용을 낮추며, 마지막으로 미국과 유럽에 뒤지지 않는 온실가스 감축 목표(2030년까지 2013년 대비 26% 삭감)를 달성하겠다는 것 역시 목표로 삼고 있다. 특히 전기 생산의 비용을 낮추겠다는 부분이 과거보다 더욱 절실해졌다. 실제로 후쿠시마 원전사고 이후 원전 가동이 대폭 축소되고 그 자리를 천연가스가 메꾸면서 전기요금이 지속적으로 상승해 일본 국민들의 부담이 커지지 않을 수 없었다. 게다가 전력과 가스 시장의 자유화가 완성되면서 전기

시장에서 대형 에너지 회사들끼리 서로 살을 깎는 경쟁을 하게 되자, 기존 대규모 전력 회사들은 이미 갖추고 있는 원전 설비를 최대한 활용해 수익성을 높이는 것을 원하게 됐다.

3E 관련 지표를 끌어올리기 위해서 현재 일본 경제산업성 산하 자원에너지청이 제시하고 있는 2030년의 전원(電源) 구성은 석유 3% 미만, 석탄 26% 가량, 천연가스 27%가량, 원자력 20~22%, 그리고 재생 에너지가 22~24%를 차지하는 것으로 돼 있다. 원자력 에너지가 전원 구성에서 차지하는 비중을 후쿠시마 원전사고 전년도인 2010년 수준으로 회복하겠다는 것이다.

겐시료쿠무라

일본에서 원자력 에너지는 상술한 3E의 논리에 근거해 그 입지를 키워 왔다. 그렇다면 이 논리를 지지하고 확산시킨 이들은 누구인가? 이를 이해하기 위해서는 '겐시료쿠무라'라는 단어를 이해할 필요가 있다. 겐시료쿠무라는 두 가지 버전으로 표기할 수 있다. 원래는 한자 그대로 '原子力村'으로 표기할 수 있고, 뒤의 무라(村, むら) 부분을 가타카나로 바꿔 'ムラ'로 표기할 수도 있다. 두 가지가 미묘하게 뜻이 다른데, 두 의미 모두 원자력을 지지하는 이익 사슬을 일컫는 것이다. 일본어에서 어떤 집단을 '무라'라고 할 때에는 그 집단이 폐쇄적이라는 야유가 섞여 있다고 볼 수 있는데, 그런 맥락에서 이 단어를 이해할 수 있다.

우선 한자 표기 그대로 쓸 경우에는 전통적으로 원자력 에너지를 옹호하고 지지해 온 세력을 비판적으로 지칭하는 것이라고 이해할 수 있는데, 한국

사회에서 이런 집단을 '원자력 마피아'라고 부르는 것과 닮아 있다. 이 집단에는 관련 산업계, 즉 원자력발전소를 운영해 온 전력 회사나 원자로를 제조하는 관련 기업들, 그리고 원자력 추진 정책을 펼쳐온 정부기관, 원자력 관련 기술을 개발하고 그 이용을 지지해 온 학계 혹은 정계 인사들, 그리고 친원전 보도를 이어온 미디어 등이 포함된다.

한편 무라를 가타카나로 표기할 경우에는 위의 산(産)·관(官)·학(學)·언(言)으로 이뤄진 이익 사슬에 또 다른 행위자가 추가된다. 이는 가이누마 히로시(開沼博)라는 후쿠시마현 출신 사회학자가 '무라' 부분의 표기를 달리하며, 어떻게 후쿠시마가 '겐시료쿠무라'가 됐는지를 설명한 책을 출판한 것에서 그 기원을 따져볼 수 있겠다. 요컨대 가이누마가 주장했던 것은 후쿠시마와 같은 지역이 원전을 유치하게 된 배경에는 경제적인 이유가 컸다는 것이었다. 물론 후쿠시마가 경제적인 이유 때문에 '겐시료쿠무라'가 돼버렸다는 주장 자체에 대한 반론이나, 설사 후쿠시마 사례에 대한 가이누마의 주장이 맞다고 하더라도 이를 일본 내의 다른 원전 유치 지역에 모두 적용하는 것은 무리가 있다는 반론들도 제기되고 있다. 원전을 둘러싸고 지역 내에 심한 갈등을 겪은 경우도 있기 때문이다. 원전을 유치하기까지의 과정은 지역마다 차이가 있고, 원전을 둘러싼 지역 내 갈등의 정도에도 차이가 있지만, 가이누마의 연구에서 중요하게 취할 부분은 원전 유치 지역의 정치적인 보수성이 경제적인 이득과 관계가 있다고 지적한 부분일 것이다.

실제로 원전을 포기하게 된 후쿠시마를 제외하고 일본의 원전을 유치하고 있는 다른 지역들은 아직까지도 정치적으로 보수적인 성향을 유지하며 대체적으로 재가동을 지지하는 입장을 취하고 있는데, 이는 경제적인 이득과 결코 무관하지 않다. 일본에서는 1974년에 제정된 이하 세 개의 법을 묶어서

'전원 3법'이라고 지칭하는데, 전원개발촉진세법, 전원개발촉진대책 특별회계법, 그리고 발전용시설 주변지역정비법이 그에 해당한다. 이 법들을 근거로 원전을 유치한 지역에는 교부금 등의 형태로 경제적인 지원이 흘러가도록 하고, 또 발전소가 가동하면서 얻는 수익의 일부가 유치 지역에 충분히 환원될 수 있도록 하려는 것이 본 취지였다.

요컨대 전원 3법에 의해 유치 지역에서는 발전소가 가동해야 경제적 이익을 얻는 구조가 만들어지게 된 것이다. 따라서 겐시료쿠무라에는 산·관·학·언에 더해 원전이 위치한 지역도 함께 들어가 있다는 것을 기억할 필요가 있겠다. 미국의 대표적인 일본 전문가인 켄트 칼더(Kent E. Calder) 교수는 '보상의 서클(circles of compensation)'이라는 개념으로 이런 이익 사슬을 분석했다. 이 보상의 서클 내에 있는 겐시료쿠무라의 구성원들에게는 지속적으로 이익이 돌아가고, 후쿠시마 원전사고로 인한 비용은 오히려 일본 사회 전반에, 그리고 후쿠시마 원전사고로 인한 피해자들에게 전가되고 있다는 것이 그의 주장이다.

핵연료주기 트릴레마

위에 설명한 3E, 겐시료쿠무라와 함께 일본 원자력 정책의 현상을 이해하는 데 중요한 것이 일본의 핵연료주기 정책이다. 앞서 언급했다시피 일본은 핵무기를 보유하지 않았지만 '합법적으로' 핵연료주기를 완성한 유일한 나라다. 핵연료주기를 완성했다는 것은 우선 원자로에서 핵연료를 사용하기 전인 선행 핵연료주기(front-end fuel cycle) 단계에서 우라늄 농축이 가능하며, 원자로에서 사용하고 난 사용후 핵연료(spent nuclear fuel)를 어떻게 할지를 다루는 후행 핵연료주기(back-end fuel cycle) 단계에서 사용후 핵연료를 재처리(reprocessing)하는 것도 가능하다는 것을 의미한다. 요컨대 농축과 재처리가 가능하게 된 것을 핵연료주기를 완성했다고 하는 것이다. 농축과 재처리 모두 핵무기 제조 기술에 해당하기 때문에 핵비확산 차원에서는 매우 민감한 기술들이다. 북한의 핵 프로그램에서 늘 문제가 되는 것도 이 두 가지이며, 한국의 경우에는 연구 목적을 위해 저농축만 일부 가능하며 재처리는 불가능하다.

그럼 일본은 어떻게 이렇게 된 것일까? 앞서 언급했다시피 일본은 핵무기를 보유하지 않은 국가일 뿐만 아니라, 사토 에이사쿠(佐藤榮作) 총리가 1967년에 선언한 이른바 '비핵 3원칙', 즉 "핵무기를 만들지도, 가지지도, 반입하지도 않는다"는 원칙을 지금까지도 포기하지 않고 있다. 그럼에도 불구하고, 일본이 핵무기 프로그램으로 전용될 가능성이 있는 농축과 재처리 기술을 보유하고 실행하고 있다는 것은 도무지 쉽게 납득이 가지 않는다. 게다가 이를 '합법적'으로 하고 있다는 건 무슨 말인가?

우선 '합법적'이란 부분을 설명해 보도록 하겠다. 미국의 아이젠하워(Dwight D. Eisenhower) 대통령이 이른바 '핵 에너지의 평화적 이용'에 관한 연설을 유엔 총회에서 발표한 것은 1953년이었고, 이 연설을 계기로 일본이나 한국을 비롯한 국가들도 원자력 에너지의 평화적 이용, 즉 전기 생산을 위한 활용에 눈을 뜨게 된다. 일본에서는 1954년에 나카소네 야스히로(中曽根康弘) 의원이 우라늄의 방사성 동위원소 번호인 U235에서 숫자를 따서 2억 3천 5백만 엔을 원자력 기술의 연구개발을 위한 예산으로 책정해 낸 것이 원자력 산업의 시발점이 됐다.

한편 같은 연도인 1954년 미국에서는 원자력에너지법이 제정됐고, 이 법의 제123조가 정한 비확산 조건에 따라 미국의 핵물질이나 기자재 및 관련 기술들을 사용하려는 국가와 미국 사이에는 반드시 협정을 맺게 돼 있으며, 이렇게 맺어진 협정을 이른바 '123 협정'이라고 부른다. 2021년 12월 현재, 총 23개의 123 협정이 유효한 상태인데, 123 협정은 비확산 거버넌스의 강력한 기제로 작동해 왔다. 원자력 에너지의 가장 골칫거리가 되는 것은 사용후 핵연료를 어떻게 관리하고 처분할 것인가인데, 핵물질의 비확산을 위해 미국은 이른바 일회 사용을 기본 원칙으로 하는 '원스 스루(once-through)' 정책을 표방하며 123 협정을 통해서 미국 기술을 전수받은 국가들에도 비확산 방침을 적용해 왔던 것이다. 그런데 미국과 일본 사이에 맺은 123 협정은 1988년에 개정됐고, 이 개정을 통해 일본은 미국의 용인하에 핵연료주기를 완성하게 됐던 것이다.

그런데, 핵연료주기를 완성했다고 해서 마냥 좋은 것은 아니다. 사용후 핵연료와 플루토늄 재고 문제는 일본 원자력 산업의 가장 오래된 골칫거리 중 하나로, 일본의 원자력 회귀를 이해하는 데 매우 중요한 부분이다. 일본은 사용후 핵연료와 재처리 과정에서 발생하는 고준위방사선폐기물의 최종 처분장을 결정하지 못한 채, 현재 아오모리현(青森縣)의 롯카쇼무라(六ヶ所村)에는 우라늄 농축 설비와 재처리 공장 설비가 자리 잡고 있다. 그런데, 일본의 중앙정부와 롯카쇼무라 사이에는 롯카쇼무라에 핵연료주기 시설이 있다고 해서 이 지역이 최종 처분장이 될 수는 없다는 것이 이미 합의돼 있다. 달리 말하면, 롯카쇼무라는 임시적으로 사용후 핵연료와 고준위방사선폐기물을 처리하고 보관하는 곳일 뿐, 결국에는 영구 처분장을 롯카쇼무라 외의 곳에 만들어야만 하는 것이다. 한편 롯카쇼무라 내 재처리 공장의 가동은 계속

미뤄져서 현재 일본이 보유하고 있는 플루토늄은 영국과 프랑스에 위탁한 재처리 과정에서 생산된 것들이다.

이렇게 골칫거리가 된 사용후 핵연료와 플루토늄 재고는 일본의 기존 원자력 정책의 맥락에서 봐야 한다. 일본의 핵연료주기 정책을 구성하는 세 가지 요소는 첫째 원전 가동, 둘째 사용후 핵연료의 재처리, 셋째 재처리를 통해 추출된 플루토늄을 섞어 가공한 혼합산화물(MOX)을 연료로 만들어 재사용하는 이른바 '플루서멀(plu-thermal)' 계획이었다. 쉽게 말하자면, 원자로에서 사용한 사용후 핵연료를 재처리해 추출된 플루토늄을 재활용한 연료를 사용함으로써 에너지 자급률도 높이고 사용후 핵연료의 처분 문제도 일정 부분 해소해 가겠다는 방침이었던 것이다. 이 세 가지는 동시에 추진될 때에 의미가 있다는 점에서 일본 원자력·핵연료주기 정책의 '삼위일체(三位一體, trinity)'라고 생각할 수 있다.

그런데 후쿠시마 원전사고로 원전의 가동이 급격하게 줄어들면서 삼위일체에 구멍이 생겼고, 그러면서 일본은 트릴레마(trilemma)에 빠져 버린다. 트릴레마란 첫째, 원전을 재가동하지 않고 기존의 사용후 핵연료를 계속해서 재처리하는 것은 대내외적인 명분이 없고, 둘째, 재처리 공장이 가동하지 못하고 있는 상황에서 원전만 재가동한다면 오히려 사용후 핵연료만 더 쌓이는 상황이 발생하고, 셋째, MOX 연료, 즉 플루서멀 방식을 활용하지 않고 재처리 공장만 가동한다면 오히려 플루토늄이 더 쌓이게 되는 상황을 말하는 것이다. 요컨대 이 일본은 지금 사용후 핵연료 처분을 실질적으로 해결하지 못한 상황에서 스스로가 만든 핵연료주기 정책의 트릴레마에 빠져 있는 것이다.

일본 사회에서는 이런 상황이 '화장실 없는 아파트(トイレの無いマンション)'

라는 자조적인 표현으로 회자된다. 사용후 핵연료를 폐기물로 보기보다는 재활용 가능한 자원으로 보면서 처분 문제를 핵연료주기 정책으로 덮었는데, 핵연료주기 정책이 계획대로 돌아가지 않자 스스로가 만든 모순 속에 함몰돼 버리게 된 상황을 탄식하는 문구라고 하겠다.

후쿠시마 원전사고 당시 일본의 원자력 규제기관인 원자력위원회 위원장 대리를 역임한 바 있는 스즈키 다쓰지로(鈴木達治郎) 박사는 일본이 재처리를 그만둬야 한다고 주장하는 일본 내에서는 보기 드문 원자력 전문가다. 후쿠시마 원전사고 직후 그의 이런 주장은 재처리 공장을 유치하는 과정에서 많은 갈등을 겪었고, 또 재처리 공장이 가동하지 않을 경우 실질적으로 최종 처분장처럼 돼버릴 것을 두려워한 롯카쇼무라의 강력한 반발과 일본 정부의 핵연료주기 정책 고수로 인해 실현되지 못했다.

일본만 이런 걸까?

이 글에서는 일본의 원자력 회귀의 배경에 어떤 논리가 작동하며, 누가 그런 논리를 지지하는지, 또 이제껏 일본이 쌓아온 원자력 정책들 안에는 어떤 모순들이 내재돼 있는지 등을 설명했다. 이 글을 통해 독자들이 일본의 현재 원자력 회귀가 핵무장 야욕과 같은 군사적인 목적이라기보다는 이제까지 경로 의존적으로 발전해 온 이익 사슬과 일본의 원자력 정책 수립 과정에서 만들어진 함정들에서 빠져나오지 못하기 때문이라는 것을 알게 됐으리라 생각한다.

후쿠시마 원전사고와 같은 엄청난 일이 벌어졌지만, 일본 사회 내에서 후쿠시마 문제는 주변화됐고, 이익 사슬을 끊어 내거나 모순들을 극복할 만한 사건으로 발전되지는 못했다. 앞으로도 일본은 원자력 분야에서 이제까지와 매우 다른 방향을 선택하는 과감한 결단을 내리지는 못할 것이다. 바꿔 말해, 그런 결단을 내릴 만한 또 다른 충격적인 사건이 벌어지거나, 혹은 이익 사슬의 고리를 끊어낼 만한 강력한 리더십이 발동하지 않는다면 앞으로도 일본은 원자력 회귀에서 빠져나오기 쉽지 않으리라고 예측할 수 있다.

그럼 이런 일본의 사례가 한국에 의미하는 것은 무엇일까? 한국 역시 일본과 비슷한 도전에 직면하고 있다. 에너지원의 공급은 해외로부터의 수입에 아직도 절대적으로 의존하고 있으면서, 제조업 중심의 수출 주도 성장을 통해 이룩된 경제 구조이다 보니 저렴하고 안정적으로 전기를 공급하는 것은 국가 경제의 가장 근간이 될 수밖에 없다. 게다가 한국은 2050년까지 탄소 중립을 달성하겠다고 공표했으니, 에너지 전환 부문의 탈탄소화는 당장 추진해야 하는 과제임이 틀림없다. 그러나 에너지 전환 부문의 탈탄소화를 신재생 에너지만으로 달성하는 것은 아직까지는 기술적으로 매우 어렵다. 에너지 안보와 온실가스 삭감 문제는 일본에서처럼 한국에서도 원자력 에너지의 필요성을 강조하는 강력한 논거로 활용되고 있다.

또한 한국에도 겐시료쿠무라와 비슷하게 '원자력 마피아'라는 이익 사슬이 존재한다. 이들은 문재인 정부의 탈원전 정책을 신랄하게 비판하면서 문 정부의 방침 때문에 원자력 학계가, 관련 산업계가, 이 분야의 미래가 공격받았다며 비탄에 빠졌었다. 20대 대선 국면에서 다시금 논란의 중심에 서게 됐던 신한울 3·4호기 건설도 정작 울진 주민들은 건설 재개를 원하는 목소리를 높이고 있으니 이 역시 일본의 원전 유치 지역의 반응과 닮아 있다.

한국 역시 '화장실 없는 아파트'처럼 원전을 운영하고 있다는 것도 일본과 비슷하다. 일본과 같은 방식의 재처리는 아니지만, 사용후 핵연료를 파이로프로세싱(pyroprocessing)이라는 방식으로 '재활용(recycling)'하고자 하는 과학자들의 열망도 일본 과학자들의 그것과 닮아 있다. 한편 사용후 핵연료의 처리 기술이 아직 답보 상태인 상황에서 계속해서 원전 내 수조에 사용후 핵연료를 임시적으로 저장하는 것은 원자력 에너지의 지속가능성에 심각한 의문을 갖게 하는 사안임은 분명하다.

물론 원자력 에너지 관련 기술은 계속해서 진보하고 있다. 원자로의 소형화나 모듈화와 더불어 사용후 핵연료의 처리 기술이나 저장 기술도 과학자들의 노력에 의해 앞으로도 발전해 나갈 여지가 있다. 그러므로 지금의 시점에서 원자력 에너지의 미래를 예단할 필요는 없을 것이다. 그보다 중요한 것은 당분간은 원자력 에너지를 필요에 의해서 사용하되, 안전하고 지속 가능한 방식으로 사용하려 하는 사회적인 합의와 노력이라고 하겠다.

한국은 옆 나라 일본의 사례를 반면교사로 삼아야 할 것이다. 일본처럼 핵연료주기의 트릴레마에 빠지는 것도 곤란하고, 기존 이익 사슬에 지나치게 휘둘리는 것도 경계해야 한다. 에너지는 한 국가의 경제는 물론 그 사회의 나아가야 할 방향의 기본 초석이 되느니만큼 수십 년 후의 상황까지도 염두에 두면서 국가 전략적 차원에서 에너지 정책을 꾸려가야 할 것이다.

일본의 역사 인식은 우경화하고 있는가?

윤석정

일본 우경화 담론과 아베 신조

　우경화하는 일본. TV와 언론에서 일본 정치인들이 A급 전범이 합사돼 있는 야스쿠니 신사(靖國神社)를 참배하는 소식들을 전할 때 곧잘 나오는 표현이다. 우경화를 말 그대로 해석하면 사회 전체적으로 애국심, 국가의 우월성 및 위신을 강조하는 우파(右派)적 성향이 강화되는 현상을 말하는데, 한국 사회의 일본 우경화 담론에는 일본의 현황을 전하는 것 이상으로 식민지 지배의 기억에서 비롯되는 일본에 대한 불신감이 담겨 있다. 그렇기 때문에 한국 사회에서 일본의 역사 인식은 일본의 우경화를 판단하는 중요한 척도가 되고 있다. 한국의 대표적인 포털 사이트 중에 하나인 NAVER는 일본의 우경화에 대해 "일본이 저지른 과거 침략의 역사를 정당화하거나 미화하는 경향이 강화되는 현상"으로 정의하고 있다.[02] 이러한 정의에서 알 수 있듯이 일본이 우

---

[02] NAVER 지식백과, 「시사상식사전 일본의 우경화」(https://terms.naver.com/print.naver?docId=71463&cid=43667&categoryId=43667(검색일: 2022년 2월 27일).

경화하고 있다는 담론은 '역사를 반성하지 않는 일본' 담론으로 이어진다.

'역사를 반성하지 않는 일본'의 내부로 시선을 돌리면 '역사 수정주의' 세력이 존재한다. 그리고 '역사 수정주의' 세력에는 아베 신조(安倍晋三) 전 일본 총리가 전면에 서 있다. 일본의 '역사 수정주의' 세력은 제국주의 일본의 전쟁은 침략이 아니라 서구 강대국으로부터 아시아를 해방시키기 위한 것이었다는 세계의 보편적인 상식과는 다른 역사관을 가지고 있다. 그리고 아베는 정치인 경력을 시작할 때부터 역사 수정주의를 표방하는 의원 그룹에서 활동했고, 총리가 된 이후에도 "침략의 정의는 학문적으로 국제적으로 정해져 있지 않다"고 발언하는 등 일본의 침략 전쟁을 부정하는 자신의 역사관을 피력한 바 있다. 아베 총리의 전면 등장 이후 한국 사회의 일본 우경화 담론은 '아베 총리가 주도'하는 '역사를 반성하지 않는 일본' 담론이라 할 것이다.

이를 거꾸로 생각하면 아베 총리가 존재하는 한 일본은 역사를 반성하지 않을 것이라는 가정이 성립된다. 그리고 일본이 역사를 반성한다면 한·일과 동아시아가 역사 화해의 가능성이 나타날 것이라는 전망도 가능하다. 이에 대해 이 글에서는 반은 맞고 반은 틀리다는 시각을 제시하고자 한다. 구체적인 답을 내리기 위해 일본에 역사 수정주의와는 다른 역사관이 존재하는지부터 살펴보고 일본의 우경화 현상을 좀 더 넓은 맥락에서 고찰할 것이다. 이는 역사 수정주의자인 아베의 존재감을 일본 사회의 다양한 역사관 속에 조망하려는 시도다.

일본의 역사 수정주의가 정치권과 시민단체를 중심으로 본격적으로 대두되기 시작한 것은 냉전이 종결된 직후인 1990년대다. 아베가 중의원 초선으로 정치 경력을 시작한 것 또한 이쯤이었다. 이와 동시에 과거에 대해 반성과 사죄 의식을 가지는 아시아 화해 사관이 나타나고 있었다. 1995년 8월 15일 일본의 무라야마 도미이치(村山富一) 총리는 전후 50주년을 맞이해 "식민지 지배와 침략으로 많은 나라, 특히 아시아 제국의 여러분들에게 다대한 손해와 고통을 줬다"며 이에 대한 반성과 사죄를 표했다. 종합하자면 탈냉전기에 들어 '우경화하는 일본', '역사를 반성하지 않는 일본'의 다른 일면으로서 '우경화를 견제하는 일본', '역사를 반성하는 일본'이 나타나 일본의 역사 인식을 두고 서로 대립했다고 할 수 있다. 그렇다면 아베가 걸어온 역사 수정주의자로서의 궤적은 곧 아시아 화해 사관과의 대립 과정이었다고 하겠다.

여기서 기묘한 것은 '우경화를 견제하는 일본', '역사를 반성하는 일본' 또한 또 다른 일면이 있다는 것이다. 일본의 '국제 질서 사관'은 1931년 만주사변부터 1945년의 아시아-태평양전쟁 패전까지의 일본 외교를 반성하며 이들 전쟁을 정당화하는 역사 수정주의를 비판한다. 국제 질서 사관에 따르면, 일본은 제1차 세계대전 이후 미국과 서구의 강대국들이 구축한 자유주의 국제 질서와 가치관에 대한 도전함으로써 패전에 이르렀다. 이러한 국제 질서 사관에는 서구 강대국의 국제 질서를 기준으로 과거의 일본 외교를 해석하기 때문에 아시아 국가들의 피해에 대한 시선이 부재하다. 특히 1910년 한국을 강제 병합하고 식민 지배한 것에 대한 반성과 사죄 의식이 부재하다. 한국에 대한 일본의 식민 지배는 미국과 서구 국가들 또한 제국주의 질서를 추구하던 시기에 일어난 것이기 때문이다. 즉, '우경화를 견제하는 일본', '역사를 반성하는 일본'이 꼭 한·일과 동아시아의 역사 화해로 이어지지 않을 수도 있는 것이다. 그렇다면 일본의 총리로서 강대국으로 떠오르는 중국을 견제하기 위해 미국의 힘을 필요로 했던 아베는 국제 질서 사관과 어떠한 관계였는가? 아시아 화해 사관과 같이 대립하고 경쟁하는 관계였는가? 아니면 대립하면서도 결탁하는 사이였는가?

이 글에서는 이러한 문제의식을 가지고 일본의 역사관으로 역사 수정주의, 아시아 화해 사관, 국제 질서 사관을 개략하고, 일본 정부의 역사 담화인 무라야마 담화 및 아베 담화를 살펴본다. 각각 전후 50년과 70년이라는 결절점에서 나온 일본 정부의 역사 담화를 중심으로 일본의 세 가지 역사관이 일본 정부의 정책과 어떠한 상관 관계를 가지는지 분석할 것이다. 여기에 일본의 역사관을 둘러싼 아베의 정치 경력을 투사해 일본의 우경화에 대한 복합적인 이해를 제시한다.

역사 수정주의: 아베의 원점

역사 수정주의는 냉전의 종결을 배경으로 일본의 우파 단체가 우파적 가치를 복원하려는 과정에서 등장했다. 미국과 소련이 경쟁하는 냉전 체제 속에서 일본의 우파 집단은 반공 이데올로기를 중심으로 결속돼 있었다. 그러나 냉전이 종결되고 소련이 붕괴되면서 반공 이데올로기는 효력을 상실했고, 일본 우파는 새로운 이념과 정체성을 모색해야 하는 상황에 직면했다.

이때 일본의 우파들이 주목한 것은 일본의 전통과 역사였다. 1997년 5월에 창립한 우파 단체 일본회의는 설립 선언에서 냉전 이후의 세계는 혼돈의 시대이며, 일본이 격동의 국제사회 속에서 살아남기 위해서는 메이지유신(明治維新) 이후의 '전통', '빛나는 역사', '국가 수호의 기개'를 추구해야 한다고 주장했다. 구체적으로는 ① 일본의 전통과 국민 통합의 중심으로 황실을 존경해야 할 것이며, ② 새로운 시대에 걸맞도록 헌법을 개정하고, ③ 일본의 명예와 일본 국민의 생명을 지키는 정치를 실현하고, ④ 일본에 대한 자부심과 애정을 키우는 교육을 창조하는 것이다. 사실 일본회의의 주장은 우파 단체라면 일반적으로 추구하는 것으로 완전히 새로운 것은 아니다. 일본회의는 탈냉전 이후 반공을 대체할 정체성을 찾는 과정에서 이른바 원점 회귀를 도모한 것이었다.[03]

④에서 알 수 있듯이 일본의 역사 수정주의는 우파 단체들의 원점 회귀에서 일어난 것이었다. 일본회의는 전후 일본의 교육이 국가에 대한 의무보다 개인의 권리에 편중돼 있으며, 일본의 역사를 나쁘게만 전하는 자학적 역사 교육이 횡행함으로써 국가에 대한 긍지와 책임감을 앗아가고 있다고 비판했다. 일본회의의 주장은 역사 수정주의의 근본적인 문제점을 드러내고 있다. 전통, 국가에 대한 자긍심이라는 가치 판단을 가지고 역사를 해석하기 때문에 객관적 분석이 불가능해진다. 이는 아시아 국가들이 겪은 피해의 역사에 대한 몰지각으로 이어진다. 역사 수정주의의 관점에서 과거 일본이 저지른 식민지 지배의 피해 및 전쟁 범죄를 밝히고 교육하는 것은 일본의 전통, 국가에 대한 자긍심을 훼손하는 것이기 때문이다.

일본 정치권에서는 일본회의의 주장에 공명하는 우파 정치인들이 등장하고 있었다. 1993년 중의원 초선의원이 된 아베 신조도 그중 하나였다. 1993년 8월 자민당에서 역사검토위원회, 1997년 2월에는 '일본의 앞날과 역사교육을 생각하는 젊은 의원 모임'이 설립됐는데, 이들 단체는 제2차 세계대전을 침략 전쟁이자 잘못된 전쟁이었다는 일방적이고 자학적인 역사관이 횡행하고 있다고 주장했다. 아베는 두 단체에 모두 가입해 회원으로 활동했다. 아베 또한 과거 일본의 전쟁은 아시아를 서구의 식민지에서 해방시키기 위한

---

03 일본회의는 1997년 5월 30일 '일본을 지키는 국민회의'와 '일본을 지키는 모임'이 통합된 조직으로 현재 일본에서 최대 우파 단체로 평가받는 조직이다. 아오키 오사무 지음, 이민연 옮김, 『일본회의의 정체: 아베 신조의 군국주의 꿈 그 중심에 일본회의가 있다!』, 율리시즈, 2016, 29-32쪽.

전쟁이었으며, 현재 일본의 교과서는 자학적 역사관을 일본의 청소년들에게 가르치고 있다는 생각의 소유자임을 알 수 있다.

야스쿠니 신사 참배는 아베에게 자신의 역사관을 피력하는 행위다. 2013년 12월 아베는 총리 신분으로 야스쿠니 신사를 참배하고 "일본을 위해 희생한 영령들에게 존숭의 염을 표한다"고 말했다. 한국을 비롯한 아시아 국가들에 A급 전범이 합사돼 있는 야스쿠니에 참배하는 것은 침략 전쟁을 미화하는 행위다. 그러나 아베는 A급 전범에 대해 대일강화조약 이후 원호법에 의해 일본의 일반 전몰자와 동등한 대우를 받았고, 다수는 공직에 복귀했기 때문에 죄가 청산됐다는 주장을 펼쳤다. A급 전범자에 대한 원호법의 적용 및 이들의 공직 복귀 등 일본 내부에서 제대로 전쟁 책임의 청산을 하지 않았다고 볼 수 있는 움직임을 A급 전범의 명예 회복 과정으로 간주하는 아베의 생각에서 역사 수정주의 인식을 엿볼 수 있다.[04]

아시아 화해 사관

일본 사회에서 탈냉전은 과거 일본이 아시아 국가들을 상대로 저지른 식민지 지배와 전쟁 피해에 대해 반성과 사죄를 표해야 한다는 역사 인식이 나타나는 계기가 됐다. 역사 수정주의 또한 냉전 종결을 배경으로 등장했다. 즉, 역사 수정주의와 아시아 화해 사관은 일본 사회가 탈냉전에 직면해 정체성의 공백기를 맞은 일본 사회가 낳은 이란성 쌍둥이 같은 관계였다.

무라야마 전 총리와 고노 요헤이(河野洋平) 전 관방부 장관은 일본 정치권

---

04 安倍晋三·岡崎久彦, 『この国を守る決意』, 扶桑社, 2004, 148-149쪽.

에서 아시아 화해 사관을 설파한 대표적인 인물이다. 이들은 일본 정치에서 각각 좌파와 보수 리버럴을 대표하는 인물로 과거에 대한 반성과 사죄를 토대로 아시아 국가들로부터의 신뢰를 회복해야 한다는 생각을 가지고 있었다. 이들은 미·소 냉전 구조하에서 일본이 역사 문제에 제대로 대응하지 못했다고 생각하고 있었다. 1945년 8월 15일 일본이 패전한 이후 미국의 점령을 받았고, 동아시아 냉전이 닥쳐오면서 중화인민공화국이 건국되고 한국전쟁이 일어나자 한국과 중국을 배제한 채 일본은 서방 국가들과 평화조약을 맺게 됐다. 그리하여 일본 사회에서는 식민지 지배와 침략에 대한 아시아 국가들의 피해에 대해 성찰할 수 있는 정치, 사상적 공간이 부재하면서 일본은 제대로 과거사 문제를 청산하지 못했다는 것이었다.

무라야마와 고노는 일본이 아시아의 일원이 되기 위해서는 한국, 중국을 비롯한 아시아 국가들과의 역사 화해가 필수적이라고 판단하고 있었다. 아시아 국가들이 일본이 과거의 역사적 사실을 제대로 반성하지 않았다고 생각한다는 것은 감정의 문제를 넘어 또다시 일본이 잘못된 대외 정책을 반복할 수 있다는 불신을 낳을 수 있기 때문이었다. 이러한 관점에서 무라야마와 고노는 일본이 전쟁과 식민지 지배에 대해 반성과 사죄를 표함으로써 과거의 일본과는 다른 일본임을 보여야 한다고 생각했다.

아시아 화해 사관과 함께 일본의 지식인들 사이에서는 전후 책임론이 등장했다. 전후 책임이란 전쟁 이후 일본이 과거의 식민지 지배 피해와 전쟁 범죄에 대해 진지하게 임하지 않았다는 문제 의식으로 일본이 인권과 민주주의의 관점에서 과거에 대한 도의적 책임을 완수해야 한다는 주장이다. 그간 일본 정부는 1951년 대일강화조약을 체결한 이후 아시아 국가들과 국교를 정상화하면서 역사 문제는 법적으로 종결됐다는 입장을 취했다. 이에 대해 전후 책임론은 기존의 조약은 냉전 논리와 일본 사회의 무관심 때문에 역사 문제를 미흡하게 처리했다고 본다. 따라서 전후 일본에 역사 문제에 대한 도의적 책임이 남아 있다는 지적이다. 일본의 역사 문제는 전후의 일본인이 과거의 일본인이 저지른 범죄를 인식하고, 이를 계기로 다음 세대에 더 나은 일본을 물려주는 문제이기 때문이다.

이들 아시아 화해 사관 또한 식민지 지배의 피해 및 전쟁 범죄에 대한 일본 정부의 법적 책임은 대일강화조약을 비롯한 기존의 협약으로 해결됐다는 해석을 수용한다. 일본 정부의 법적 책임 인정을 요구하는 역사적 피해자들의 관점에서 보면 아시아 화해 사관 또한 한계점이 분명한 것이다. 특히 한국에 대한 식민 지배에 대해서도 도의적 책임 아래 반성과 사죄를 표명하지만 불법성까지 인정하는 것은 아니다. 그럼에도 불구하고 아시아 화해 사관은 과거의 역사를 되돌아보며 일본의 가해 책임을 인정하는 역사 인식으로 아시아 국가들과 가장 가까운 입장을 취하고 있다. 이는 앞서 언급한 역사 수정주의는 물론 후술할 국제 질서 사관과 비교했을 때 명확하게 드러난다.

국제 질서 사관

국제 질서 사관은 미국과 영국을 비롯한 서구가 주도하는 국제 질서의 관점에서 과거 일본의 대외정책을 해석하는 역사관이다. 국제 질서 사관은 일본 외무성이 조직 차원에서 정립한 기억에서 그 유래를 찾을 수 있다. 1951년 외무성이 정리한 「일본 외교의 과오」 보고서는 1931년의 만주사변부터 시작해 1945년 아시아-태평양전쟁의 패전까지 약 15년간의 일본 외교를 검증하고 있다. 당시 일본은 패전 이후 대일강화조약으로 미국이 주도하는 서방 진영의 일원으로 복귀하는 외교적 분기점을 맞이하고 있었다. 이러한 가운데 당시 일본 총리였던 요시다 시게루(吉田茂)는 외무성에 후세가 참고할 수 있도록 과거 일본 외교의 실패 과정을 정리할 것을 지시했고, 그 결과 「일본 외교의 과오」가 탄생했다.

보고서가 강조하는 것은 일본이 정치적·사회적으로 군부의 폭주를 제어하지 못하면서 국가적 실패의 길에 빠져들었다는 점이다. 보고서 전반에 걸쳐 일본의 관동군이 만주와 중국으로 폭주하는데 이를 통제하지 못하는 군의 지도부, 외교당국, 정당 정치의 무력함을 지적하고 있다. 또한 일본은 나치 독일의 일시적인 선전에 고무돼 독일, 이탈리아와 같은 현상 변경 세력과 손을 잡았고 민주주의 국가들을 적으로 돌리게 됐다는 것도 과오로 지적한다. 나아가 무력에 의한 위협과 무력 행사를 국책의 수단으로 사용하면서 미국을 상대로 전쟁을 하게 되는 파멸적인 결과를 피하지 못했다고 정리하고 있다.

보고서에서 1930년대 이전의 일본에 대한 부정적인 평가는 보이지 않는다. 명시하지는 않았지만 보고서가 다룬 15년간의 일본 외교를 제외하고 그 전의 메이지유신부터 1920년대까지는 긍정적으로 평가하고 있다고 볼 수 있다. 외무성에 보고서 작성을 지시한 요시다 또한 15년에 걸친 일본 외교의 파탄은 메이지유신의 결과가 아니라 그것에 대한 배신이었다고 생각했다.

과거에 대한 기억은 정부 차원의 발신뿐만 아니라 문학과 영상을 통해 일반인들에게 확산되곤 한다. 일본의 소설가 시바 료타로(司馬遼太郎)의 『언덕 위의 구름』은 메이지 일본에서 성장한 젊은이들이 러일전쟁을 싸우는 과정을 다루며, 일본 국민들의 역사 인식에 영향을 미쳤다. "정말 작은 나라가 개화기를 맞이하려고 한다"로 시작하는 이 작품에서 시바는 메이지(明治)의 일본인들이 국민 국가를 형성, 발전시키기 위해 나섰고, 이를 원동력으로 러시아를 상대로 전쟁에서 이길 수 있었다고 서술하고 있다.

『언덕 위의 구름』이 연재를 시작하는 1968년은 일본이 고도 경제 성장을 거듭하며 경제대국으로 발돋움하던 시기였다. 시바는 메이지유신을 거쳐 국민국가로 나아가는 일본의 모습을 그려냄으로써 1945년의 패전 이후 전후 일본이 나아가야 할 지침을 제시하고자 한 것이었다. 이후 『언덕 위의 구름』은 전후 일본의 국민들에게 시대를 관통하는 메시지를 전달하는 국민 소설로서 자리매김한다. 2009년 11월 이 소설을 드라마화한 NHK는 『언덕 위의 구름』을 "국민 한 사람 한 사람이 소년 같은 희망을 가지고 나라의 근대화에 대처하며, 존망을 걸고 러일전쟁을 치러낸 '소년의 나라·메이지의 이야기"라고 평하며, "지금의 일본처럼 새로운 가치관의 창조에 고뇌, 투쟁하는 메이지의 시대정신이 활기차게 그려져 있다"고 밝혔다.

이러한 시바의 역사관에서 1931년 만주사변부터 1945년 패전까지의 일본은 메이지의 영광과 구별되는 이태(異胎)였다. 시바에 따르면, "저 시대는 일본이 아니라고 재떨이라도 던지면서 소리치고 싶은 충동"을 일으키는 것이며, "아름다운 일본사에 이변이 일어나 유전학적 연속성을 잊어버린 것"과 같은 것이었다. 시바의 역사관은 외무성의 역사관과 유사하다는 점을 알 수 있다. 그리고 시바는 일본이 이태의 시기를 겪은 이유에 대해서도 외무성과 동일한 주장을 하고 있다. 즉, 어리석은 군인들 때문에 일본이 잘못된 길을 걸었다는 인식이다.[05]

국제 질서 사관에서 주목할 부분은 과거에 대한 반성을 하지만 그 시기와

---

05 나카츠카 아키라 지음, 박현옥 옮김, 『시바 료타로의 역사관: 그의 '조선관'과 '메이지 영광론'을 묻다』, 모시는 사람들, 2014, 13-39쪽.

대상이 1930년대부터 1945년까지의 일본 외교라는 점이다. 아시아 화해 사관은 한국에 대한 식민 지배부터 일본의 침략 전쟁까지 아시아 국가들에게 미친 피해에 대해 반성과 사죄하는 역사관이다. 한편 국제 질서 사관은 미국을 비롯한 서구 민주주의 국가들을 적으로 돌리게 된 일본 외교의 실패를 반성하는 것으로 아시아 국가들이 겪은 전쟁 피해에 대해서는 책임 의식이 희박하다. 무엇보다 국제 질서 사관은 1910년 한국을 강제 병합하고 식민 지배한 것을 일본 외교의 성공 사례로 인식하고 있다. 국제 질서 사관에 따르면, 조선에 대한 일본의 식민 지배는 서구 국가들 또한 제국주의 논리를 추구하던 시기에 일어났기 때문이다.

국제 질서 사관을 역사 수정주의와 비교하자면 두 사관은 1930년부터 1945년까지의 일본 외교에 대해 서로 다른 평가를 내린다. 역사 수정주의는 만주사변과 그 이후의 전쟁은 일본을 수호하고 아시아를 해방시키기 위한 전쟁이었다고 논하지만, 국제 질서 사관에 따르면 일본 외교가 파탄에 빠지는 시기였다. 반면에 양자 사이에 공통점도 존재한다. 바로 만주사변 이전의 일본 외교는 긍정적으로 평가하는 부분이다. 두 사관 모두 일본은 메이지유신을 거쳐 근대화에 성공해 강대국으로 성장했다고 긍정적으로 해석하는 논리 구조를 지닌다. 결과적으로 역사 수정주의와 국제 질서 사관 모두 1910년 한국을 강제 병합하고 식민 지배한 것에 대한 가해 의식은 가지고 있지 않다.

이하 일본의 세 가지 역사관이 무라야마 담화와 아베 담화라는 일본 정부의 공식적인 역사 인식에 어떠한 영향을 미쳤는지 살펴보고, 그러한 맥락에서 아베의 역사관이 변천하는 경로를 추적함으로써 한국 식민지 지배에 대한 일본의 역사 인식이 진전, 후퇴하는 과정을 짚어본다.

무라야마 담화의 탄생과 한·일의 역사 화해

냉전 이후 일본이 새로운 정체성을 모색하는 가운데 아시아 화해 사관이 일본의 국가 정책으로 부각되기 시작했다. 1994년 7월에 총리에 부임한 무라야마는 일본이 과거에 대한 반성과 사죄를 명확히 표시함으로써 아시아 국가들로부터 신뢰를 회복해야 한다고 생각했다. 이듬해인 1995년 8월 15일 무라야마 총리는 '전후 50주년의 종전 기념일에 즈음해' 이른바 '무라야마 담화'를 발표했다. 담화의 주요 부분은 아래와 같다.

> 우리나라(역자 주: 일본)는 멀지 않은 과거의 한 시기, 국가 정책을 그르치고 전쟁에의 길로 나아가 국민을 존망의 위기에 빠뜨렸으며, 식민지 지배와 침략으로 많은 나라들, 특히 아시아 제국의 여러분들에게 다대한 손해와 고통을 주었습니다. 저는 미래에 잘못이 없도록 하기 위해 의심할 여지도 없는 이와 같은 역사의 사실을 겸허하게 받아들이고 여기서 다시 한 번 통절한 반성의 뜻을 표하며 진심으로 사죄의 마음을 표명합니다.

이처럼 무라야마 담화의 주요 내용은 일본이 식민지 지배와 침략의 가해국이었다는 것을 인정하고 반성과 사죄를 표명하는 것이었다. 무라야마 담화를 통해 아시아 화해 사관은 정부 담화라는 형태로 일본의 국가 정책이 된 것이다.

무라야마 담화는 한·일 역사 화해의 토대가 됐다. 1998년 10월 일본의 오부치 게이조(小淵惠三) 총리는 공동선언에서 "금세기의 한·일 양국 관계를 돌이켜보고 일본이 과거 한때 식민지 지배로 인해 한국 국민에게 다대한 손해와 고통을 안겨줬다는 역사적 사실을 겸허히 받아들이면서, 이에 대해 통절한 반성과 마음에서 우러나오는 사죄"를 표명했다. 오부치 총리의 반성과 사죄는 무라야마 담화의 문구를 한·일 관계에서 재구성한 것이었다. 이 같은 공동선언은 한·일 간의 외교문서로는 처음으로 식민지 지배에 대한 일본 정부의 사죄와 반성을 명시했다는 점에서 큰 의의를 지니는 것이었다.

이러한 한·일 역사 화해의 흐름은 2010년의 간 담화로 이어진다. 2010년 8월 10일 한·일 병합 100주년에 일본의 간 나오토(菅直人) 총리는 "정치적·군사적 배경하에 당시 한국인들은 그 뜻에 반한 식민지 지배로 인해 나라와 문화를 빼앗기고 민족의 자긍심에 큰 상처를 입었다"며 이에 대한 반성과 사죄를 표명했다. 무라야마 담화를 시작으로 일본은 식민지 지배에 대한 가해 책임을 인정했고, 한·일 역사 화해의 가능성이 열리기 시작한 것이었다.

무라야마 담화와 한·일 역사 화해에 대한 아베의 저항

아시아 화해 사관이 무라야마 담화를 통해 앞서 나가자 이에 대한 역사 수정주의자들의 저항이 일어났다. 아베는 일본의 정치권에서 무라야마 담화에 대해 적극적으로 반대해 온 인물이다. 특히 아베가 거부감을 보인 것은 무라야마 담화의 '침략'과 '사죄' 표현이었다. 무라야마 담화가 발표되자 아베는 일본이 앞으로 계속 사죄를 하게 될지 모른다는 위기감을 느꼈다고 한다. 아베는 무라야마 담화가 일본 정부의 공식 입장으로서 지속되는 것에 대해 다음과 같은 불만을 품고 있었다.

> 무라야마 씨 개인의 역사관에 일본이 언제까지고 속박돼서는 안 됩니다. 그때그때 총리가 필요에 따라 독자적인 담화를 내면 좋겠다고 생각한 것입니다. 물론 무라야마 담화가 너무나 일면적이기 때문에 조금 더 균형 잡힌 담화를 만들면 좋겠다는 생각도 있었습니다.

무라야마 담화가 너무나 일면적이라고 평하는 아베의 발언에서 그의 역사관을 알 수 있다. 아베는 우파 정치인으로서 과거에 대한 반성과 사죄는 자학 사관에 지나지 않는다는 사고방식의 소유자였다. 그러한 아베에게 무라야마 담화는 받아들이기 어려운 것이었다.

같은 맥락에서 아베는 무라야마 담화를 기초로 하는 한·일의 역사 화해에도 저항했다. 아베는 1998년의 김대중-오부치 공동선언에 대해 "두 개의 국가가 완전히 같은 역사 인식을 갖는 것은 불가능에 가깝다"며 "혐한 감정이 심화될 우려가 있다"고 폄하했다. 그리고 간 담화는 "굉장히 큰 화근을 남길 것"이라고 비판했다. 한·일 간의 역사 화해 시도에 대한 아베의 반응은 무라야마 담화가 일본 정부의 정책으로서 지속되는 것에 대한 반발 심리와 궤를 같이하는 것이었다.

전후 70년 아베 담화의 탄생: 한국 식민지 지배를 둘러싼 역사 수정주의자 아베와 국제 질서 사관 간의 결탁

2012년 12월 아베는 일본의 총리 자리에 올랐다. 이후 아베는 전후 70주년을 맞이해 새로운 역사 담화, 이른바 '아베 담화'를 제시하겠다는 입장을 밝혔다. 아베는 무라야마 담화에 대해 비판적인 입장이었던 바, 과연 아베 담화가 무라야마 담화의 아시아 화해 사관을 담을지, 아니면 본인의 역사 수정주의적 역사관을 담을지 귀추가 주목됐다.

아베의 담화는 2015년 8월 14일에 발표됐다. 길지만 담화의 역사관을 나타내는 부분을 발췌하면 아래와 같다.

> 100여 년 전의 세계에는 서구 국가들을 중심으로 한 나라들의 광대한 식민지가 펼쳐져 있었습니다. 압도적인 기술 우위를 배경으로 식민지 지배의 물결은 19세기 아시아에도 밀려왔습니다. 그 위기감이 일본 근대화의 원동력이 됐음은 틀림이 없습니다. 아시아 최초로 입헌 정치를 내세우며 독립을 지켜냈습니다. 러일전쟁은 식민지 지배하에 있던 많은 아시아와 아프리카인들에게 용기를 주었습니다. 세계를 휩쓸었던 제1차 세계대전을 거쳐 민족 자결의 움직임이 확산되면서 그간의 식민지화에 제동이 걸렸습니다. 이 전쟁은 1,000만 명이나 되는 전사자를 낸 비참한 전쟁이었습니다. 사람들은 평화를 강력히 바라며 국제연맹을 창설하고, 부전조약(不戰條約)을 탄생시켰습니다. 전쟁 자체를 위법화하는 새로운 국제사회의 조류가 생겨났습니다. 당초에는 일본도 보조를 함께했습니다. 그러나 세계 공황이 일어나고 구미 여러 국가가 식민지 경제를 휩쓴 경제 블록화를 추진하자 일본 경제는 큰 타격을 입었습니다. 그런 가운데 일본의 고립감이 심화돼 외교적·경제적인 경색을 힘의 행사로 해결하려고 했습니다. 국내 정치 시스템은 이를 제어하지 못했습니다. 이렇게 해서 일본

> 은 세계의 대세를 보지 못하게 됐습니다. 만주사변, 그리고 국제연맹 탈퇴. 일본은 점차 국제사회가 엄청난 희생 위에 구축하려 했던 '새로운 국제 질서'에 대한 '도전자'가 돼 갔습니다. 나아가야 할 방향을 그르쳐 전쟁의 길을 걸어갔습니다. 그리고 70년 전 일본은 패전했습니다.

이처럼 아베 담화는 1930년대에 들어와 일본은 제1차 세계대전 이후 탈식민지화, 국제연맹의 창설, 부전조약의 국제 질서에 역행해 국가의 방향성을 그르쳤다는 역사관을 제시하고 있다. 즉, 아베 담화는 국제 질서 사관을 표방하고 있다. 아베는 담화 발표 이후의 기자 회견에서 다음과 같이 말했다.

> 이전에 일본은 세계의 대세를 보지 못하게 돼 외교적·경제적 경색을 힘의 행사에 의해 타개하고 또는 그 세력을 확대하려고 했습니다. 이러한 사실을 솔직하게 반성하고 앞으로 법의 지배를 존중하고 부전의 맹세를 견지하겠다는 것이 이번 담화의 가장 중요한 메시지라고 생각합니다.

2013년에 아베는 총리 자격으로 야스쿠니 신사를 참배하며 역사 수정주의자임을 증명했다. 그런데 2015년 전후 70주년을 맞아 정부 담화라는 일본 정부의 공식적인 역사 인식으로는 국제 질서 사관을 채택한 것이었다. 아베가 역사 수정주의에서 국제 질서 사관으로 개종을 했다고도 할 수 있는데, 담화에 대한 역사 수정주의자들의 반발이 이를 방증한다. 나카니시 테루마사(中西輝政) 교수는 역사 수정주의자로서 아베와 오랜 인연을 이어온 인물이다. 그러나 아베 담화에 대해서는 일본에 평화에 대한 죄를 부여한 동경재판 사관

과 근본적으로 동일하며, "역사를 사용해 미국과 영국을 적대하는 것은 나쁜 것이라고 뇌리에 박으려는 이데올로기의 일종"이라며 비난 일색이다. 이후 나카니시 교수는 아베는 "보수가 아니라 건조한 현실주의자(ドライな現実主義者)에 지나지 않는다"며 아베 정권에 대한 지지를 철회했다. 또 다른 역사 수정주의자 고보리 게이치로(小堀桂一郎) 교수 또한 아베 담화를 읽고 "아베 정권조차도 외무성의 인형이 돼버렸다"고 탄식했다. 우파 단체 일본회의의 설립 당시 부회장이었던 고보리 교수의 한탄대로 아베 담화의 역사관은 「일본 외교의 과오」 보고서가 정립한 외무성의 기억과 맥락을 같이하는 것이었다.

아베가 본인의 역사관과 다른 국제 질서 사관을 택한 데에는 미국과의 관계를 고려했기 때문이다. 아베 정권은 미·일동맹을 강화해 중국의 강대국화를 제어한다는 대외 전략을 추진하고 있었고, 따라서 아시아-태평양전쟁을 정당화하는 역사 수정주의는 미국 중심의 대외 전략 노선과 충돌할 여지가 많았다. 대외정책상의 필요에 따라 아베는 역사 문제에서 친미적 성향의 역사관을 택한 것이었다.[06] 나카니시 교수는 아베 담화는 "지금의 미·일 노선을 과거의 역사에 투영한 것"이라고 말했다. 역사 수정주의자이지만 그의 평은 정확하다.

이렇게 아베는 자신의 이름을 건 담화에서 역사 수정주의와 거리를 뒀다. 이와 동시에 시바 료타로의 역사관과 손을 잡았다. 아베 담화는 "식민지 지배의 물결은 19세기 아시아에도 밀려왔다"고 한 후 "일본은 근대화와 입헌 정치를 달성하고 러일전쟁에서 승리해 식민지 지배하에 있던 많은 아시아와 아프리카인들에게 용기를 줬다"고 말하고 있다. 역사학자 나리타 류이치(成田龍一) 교수는 담화를 한국의 일본 연구자들과 듣고 있었는데 모두 "와! 시바다!"

---

06 이정환, 「아베 정권 역사 정책의 변용: 아베 담화와 국제주의」, 『아시아리뷰』, 제9권 제1호.

라고 말했다고 전한다. 이후 담화에서 일본이 제1차 세계대전 후에 만들어진 새로운 국제 질서에 대한 도전자가 됐다는 견해도 시바의 역사관과 극히 유사하다고 평한다.

아베가 역사 수정주의에서 국제 질서 사관으로 개종해 자신의 이름으로 담화를 내는 과정에서 한국을 식민 지배한 것에 대한 일본의 가해 책임이 배제되는 것이다. 이렇게 아베 담화가 한국에 대한 강제 병합과 식민 지배에 무지각한 것은 근본적으로 국제 질서 사관의 논리 구조에서 기인하는 것이다. 아베 담화와 무라야마 담화를 비교하면 두 담화 모두 1930년대 이후 일본의 전쟁에 대해 침략으로 규정하는 공통점을 가지고 있다. 그러나 아베 담화는 그 이전의 일본에 대해서는 긍정적으로 평가한다는 점에서 일본의 모든 식민지 지배와 전쟁을 부정적으로 평가하는 아시아 화해 사관의 무라야마 담화와 차이를 지닌다.

그렇다면 왜 아베는 역사관을 개종하면서 아시아 역사 화해 사관으로 향하지 않았는가? 한국의 식민지 지배를 둘러싼 역사 화해 사관과 역사 수정주의의 공통점에서 그 단서를 찾을 수 있을 것 같다. 두 사관은 만주사변, 아시아-태평양전쟁을 두고 서로 다른 해석을 내리지만 그 이전의 일본 외교는 영광의 역사로 인식하는 공통점을 지니고 있기 때문이다. 역사 수정주의자들에게도 러일전쟁의 승리는 시바 료타로의 『언덕 위의 구름』이 주창하는 것처럼 메이지 일본이 이룬 영광의 역사다.

아베 담화를 계기로 국제 질서 사관이 일본 정부 담화의 역사관을 차지하는 과정은 역사 수정주의의 패배일지 모른다. 그렇지만 일본의 정부 담화에서 한국에 대한 식민지 지배의 가해 책임을 망각하는 데 두 역사관은 결탁한 관계라 할 수 있을지 모른다. 2013년 7월 아베 총리가 총리로서 야스쿠니 신사를 방문하기 약 5개월 전 그가 『언덕 위의 구름』의 주인공들이 태어난 에히메현(愛媛縣)의 마쓰야마시(松山市)를 방문하고 남긴 트위터는 의미심장하다.

"정말 작은 나라가 개화기를 맞이하려고 한다." 시바 료타로의 『언덕 위의 구름』의 모두입니다. 텔레비전 드라마로 돼 많은 분이 아시리라 생각하는데, 그 소설의 무대인 에히메현의 마쓰야마시에 왔습니다.

섬나라 일본의 국경은 어디인가?

석주희

섬 밖의 섬, 국경낙도

섬나라 일본의 국경은 어디인가. 이 같은 물음에 일본인조차 대답하기 쉽지 않다. 실제 국경에 대한 일본인의 인식은 거의 희박하다. 당연한 말이지만 일본의 모든 영토는 섬으로 이뤄져 있으며, 이 가운데 가장 바깥에 있는 섬을 통해 일본 영토의 형태를 나타낼 수 있다. 일본에는 홋카이도(北海道), 혼슈(本州), 규슈(九州), 시코쿠(四國), 오키나와(沖縄) 본섬 이외에 둘레가 100미터 이상인 도서가 약 6,800개이며, 이보다 작은 규모의 섬을 합치면 수만 개가 있다고 말한다. 일본에서는 2013년 해양기본계획을 발표하면서 일본의 국경에 접해 있는 섬인 이른바 '국경낙도(國境落島)'가 중요한 의제로 떠올랐다. 일본 내각부는 국경에 위치한 섬을 국경낙도라고 부르며 "일본의 영해와 배타적 경제수역 등 관할 해역의 근거가 되는 중요한 역할을 담당한다"고 명시했다. 내각부에서는 국경낙도의 중요성에 대해 '일본 국가의 영해 및 배타적 경제수역 등 관리 강화', '해상교통의 안전 확보', '해양자원의 개발 및 이용', '해양

환경 보전', '영해경비 및 안전 보장', '국가지정문화재 및 세계유산' 등을 명시했다. 이처럼 일본 정부는 국경낙도에 대해 전략적·안보적·경제적 가치에 주목해 관련된 법제도 정비를 강화하고 있다.

일본의 국경낙도는 정부의 제도적 지원과 예산 증대를 통해 변방의 무인도인 섬에서 국가 전략의 요충지로 변모하고 있다. 내각부와 각 지자체 대표는 '국경에 갑시다(国境に行こう)' 캠페인을 통해 국경낙도 관광 서비스 활성화와 인구 감소 대책을 추진했다. 내각부는 사람이 거주하는 섬과 거주하지 않는 섬을 유인국경낙도와 무인국경낙도로 구분하고 각각 대응책을 달리해 지원했다. 내각부는 유인국경낙도지역에 대해 "일본 국민이 거주하고 있으며 어업, 해양에 대한 각종 조사, 영해 정비, 저조선(低潮線) 보전구역의 감시 등 영해 등의 보전에 관한 활동 거점으로 중요한 기능을 한다"고 명시했다. 일본 정부의 유인국경낙도에 대한 특별한 관심은 인구 감소와 관련이 있다. 일본에서는 2000년대 들어 총 인구가 감소하는 추세이며 고령화 현상이 가속화하고 있다. 국경낙도의 경우 더욱 그 추이가 가파르다. 일본에서는 2005년부터 2010년까지 전국 인구 증감률이 0.2%이며 고령화 비율은 전국 20%다. 도서지역의 경우 인구 증감률은 -9.1%이며 고령화 비율은 33%로, 일본 전국 평균보다 인구 증감률은 낮으며 고령화 비율은 더욱 높다.[07] 도서 지역에 거주하는 총 인구 수는 1955년 130만 명에서 2010년에는 63만 명으로 절반 가까이 감소했다. 이 같은 추이는 일본에서 유인국경낙도가 점차 감소될 가능성을 내포한다.

이 같은 도서 지역의 인구 감소에 대해 일본 정부는 경제적·사회적·제도

---

07 国土交通省,「離島振興対策実施地域の現況」(https://www8.cao.go.jp/ocean/kokkyouritou/yuushiki/h25_02yuushiki/pdf/shiryou2.pdf).

적 지원을 하고 있다. 일본 정부는 도서 지역에서 인구 수를 일정 수준으로 유지하기 위해 기존 주민들에게 재정적 지원을 하면서 새로운 인구 유입을 위한 각종 인센티브를 제공하는 법안을 마련했다. 이른바 「유인국경낙도법(유인국경낙도지역의 보전 및 특정 유인국경 낙도지역의 지역사회 유지에 관한 특별조치법)」이다. 이 제도는 "일본의 영해, 배타적 경제수역 등을 적절히 관리할 필요성이 증대하는 상황을 감안해 유인국경낙도지역이 가진 일본의 영해, 배타적 경제수역 등의 보전에 관한 활동 거점으로서의 기능을 유지하기 위한 것으로 일본의 영해, 배타적 경제수역 등의 보전과 관련된 목적적 경제 수역에 기여"하는 것을 목적으로 한다.

국경낙도에 대한 일본 정부의 적극적인 지원과 관심은 동아시아 해양 영토를 둘러싼 갈등과도 무관하지 않다. 일본은 독도와 남쿠릴열도, 센카쿠제도(尖閣諸島, 중국명 댜오위다오)를 둘러싸고 한국과 러시아, 중국과 대만과 대립하고 있다. 일본 정부와 지자체는 해당 지역에 대해 일방적으로 자국의 영토라는 주장을 이어가고 있다. 일본 정부는 1981년 내각회의에서 '북방 영토의 날'로 정하는 안을 채택했으며, 시마네현(島根縣)은 2005년에 매년 2월 22일을 '죽도(竹島)의 날'로 정하는 조례안을 가결했다. 이후 홋카이도(北海道)와 시마네현에서는 매년 기념식전과 심포지엄 등 관련 행사를 개최하고 있다. 주변국의 반발에도 불구하고 매년 이어지는 행사에서는 정부 인사, 국회의원, 지자체 대표자, 민간단체 관계자가 참가하며 대국민 호소로서 결의문을 낭독한다. 결의문에서 매번 등장하는 문구 중 하나가 국민 여론의 계발과 정부에 대한 국민의 적극적인 지지다. 이처럼 일본 정부는 국경낙도 및 주변 도서에 대해 제도적 강화를 추진하는 한편 해양 영토와 관련해 지자체와 민간단체를 통해 대응하고 있다.

'섬나라론' 일본: 폐쇄성과 고립성

　국경낙도는 오랜 전통과 고유의 문화, 역사적 맥락과 사회 구성원, 국제 정세와 국가 전략 가운데 이해할 수 있다. 이토 아비토(伊藤亜人)는 일본에 대해 '변방의 섬나라'라는 관점에서 일본과 일본인에 대한 고유한 특색을 제시했다. 이토 아비토는 문화인류학자로 일본의 민속학을 연구할 뿐 아니라 한국에 대해서도 비교 연구를 했다. 2009년에 한국에서 번역돼 출판된 『일본사회 일본문화』라는 책에는 섬나라 일본의 고유한 특질과 동시에 섬마다 각기 다른 역사적 맥락과 문화, 전통이 형성됐음을 강조하고 있다.[08] 이토 아비토는 사례로서 아마미군도(奄美群島)의 영토 편입 과정을 설명했다. 아마미군도는 가고시마현(鹿兒島縣) 남부 오시마군(大島郡)에 해당하는 지역으로 현재 「아마미군도 진흥개발특별조치법」을 통해 일본 정부로부터 제도적 지원을 받고 있다. 이토 아비토는 아마미군도는 과거 류큐국(琉球國)의 일부로 오키나와(沖繩) 등 주변 섬의 문화로부터 상호 간에 영향을 받았다고 봤다. 이토 아비토는 "아마미군도는 류큐와 사쓰마(薩摩), 오키나와와 가고시마 사이에 위치하고 있어 더욱 주변적인 위치에 놓이게 됐다.…(중략)…아마미군도의 역사를 구분하면 '아마미시대'와 류큐 지배 아래에 놓인 '나라(奈良)시대'. '사쓰마시대'. '야마토(大和)시대', '미국시대', '일본시대' 등이 될 것"이라고 봤다. 이처럼 한 지역 내에서도 복잡한 정치적·역사적 맥락을 가진 아마미군도는 2017년 시행된 「아마미군도 진흥개발특별조치법」을 통해 지역사회 유지 추진 교부금 등을 지원받는 등 주요 도서 지역으로 주목을 받고 있다.

---
08 이토 아비토(伊藤亜人) 지음. 임경택 옮김. 『일본사회 일본문화』. 2009. 소와당.

그러나 이러한 시도는 섬 지역 주민들의 이해, 가치관과 상충될 수 있다. 이토 아비토는 "본토에서 원거리에 떨어져 있는 도서는 서로 다른 역사적 맥락을 갖는 가운데 고유의 전통과 외부로부터의 강요된 문화가 혼재돼 또 다른 문화적·사회적 특질을 형성했다"고 했다. 이토 아비토는 역사적인 흐름 가운데 "섬의 독자적인 의식이나 네트워크를 유지하려는 시도"가 있었음을 강조했다. 이같이 변방의 섬을 국가의 공유지로 개발하려는 일본 정부의 시도는 섬 고유의 역사적·전통적 맥락에서 검토돼야 한다는 것을 암시한다.

국경낙도에 대한 기존 인식은 다음과 같다. 니시무타 야스시(西牟田靖)는 "섬 국가인 일본의 영토나 국경선은 어떤 경위로 설정되는가" 하는 문제 의식을 기반으로 일본의 영토 문제를 검토했다. 니시무타는 패전으로 일본의 영토 문제가 발생한 것으로 봤다. 남쿠릴열도에 대해 '도항(渡航)이 금지된 섬', '역사가 멈춘 섬', 오키노시마(沖ノ島)에 대해서는 '국가가 지키는 보이지 않는 섬', 독도에 대해서는 '민족적 성지가 된 섬', 대마도에 대해서는 '이웃 나라와 마주하는 교류의 섬', 요나구니(與那國)에 대해서는 '국경을 앞에 두고 발버둥치는 섬', 댜오위다오(釣漁島)에 대해서는 '정치적인 비경이 된 섬'이라고 각각 정의했다. 니시무타 야스시는 저서의 지도에서 독도와 남쿠릴열도, 센카쿠제도를 일본의 영토로 표기했다.[09] 이 같은 그릇된 명시는 일본의 영토와 관련한 대부분의 출판물에서 찾아볼 수 있다.

이와시타 아키히로(岩下明裕)는 '영토라는 병'이라는 문제 인식에 기반해 일본의 국경 문제를 다뤘다.[10] 이와시타는 일본 정부에서 국경이나 영토 문제를 다루는 데 일관성이 없으며 중앙으로부터 권력 중심의 시각을 가진다

---

09 西牟田靖.「誰も国境を知らない―揺れ動いた'日本のかたち'をたどる旅」. 2012. 朝日新聞出版社.
10 岩下明裕.『入門 国境学―領土, 主権, イデオロギー』. 2016. 中公新書.

고 봤다. 일본 사회나 국가뿐 아니라 일본인도 공간의 경계를 현실적으로 인식하기 어렵다고 봤다. 일본인 대다수는 도쿄와 관동, 관서를 중심으로 영토를 인식하고 있어 일본의 국경을 바라보는 데 한계가 있다고 했다. 일본인들조차 오키나와나 홋카이도 현지의 박물관에 가야만 '본토(本土)'와 '내지(內地)'의 차이를 알게 된다고 지적했다. 일본 정부에서는 국민적 관심을 높이기 위해 영토와 국경 사람들의 생활을 지속 가능하도록 지원하고, 교육과 홍보를 통해 일반 국민이 국경을 인식할 수 있도록 한다고 봤다. 이와시타에 따르면, 일본에서는 2013년 이후에는 이른바 출판계에서 '영토 붐'이 나타났다.[11] 이 시기에 출판된 국경과 해양영토 관련 저서들은 주로 일본의 국경 문제와 독도·남쿠릴열도·센카쿠제도 사례를 연계해 제시했다.

・・・●●●・・・

국경낙도 정책과 지자체의 대응

일본의 국경낙도는 2007년 해양기본법 제정과 2008년부터 해양기본계획 수립이 이뤄지는 가운데 주요한 전략 지역으로 떠올랐다. 해양기본법에서는 '낙도의 보전 등'을 명시했으며 해양기본계획을 통해 '해양에 관한 시책에 대해 기본적인 방침'과 '해양의 종합적인 관리'를 제시했다. 국경낙도와 관련한 정책은 주로 지역사회와의 협력과 주요 시설의 구축, 해양자원의 개발과 이용을 강조했다. 해양에 관한 종합적 접근을 위한 시책에서 '낙도의 보전' 방안을 명시했으며, '낙도의 안전·관리'에 대해서는 '해상 안전의 확보', '해양자원의 개발·이용 지원', '주변 해역 등 자연환경의 보전', '보전·관리에 관

---

11 岩下明裕, 『領土という病―国境ナショナリズムへの処方箋』, 2014. 北海道大学出版会.

한 방침의 책정'을 명시했다. 낙도의 진흥에 대해서는 '지역사회 유지를 위한 신규 인구의 도입과 이를 위한 정주 및 고용 촉진' 등의 시책을 추진할 필요가 있다고 봤다.

해양기본계획보다 구체적으로 국경낙도에 대한 시책을 명시한 것이 「유인국경낙도법」이다. 일본 정부는 2016년 4월 29일 「유인국경낙도법(유인국경낙도지역의 안전 및 특정유인국경낙도 지역에 관한 지역사회의 유지에 관한 특별조치법, 국경낙도신법)」을 제정하고 2017년 4월 1일부터 시행했다. 이 법안은 일본 국민의 거주로 영해 등에서 실시하는 어업, 해양 조사, 영해 경비 등 활동의 거점 기능으로서 유인국경낙도를 관리하고, 이러한 기능을 유지하기 위한 특별 조치에 관한 내용을 담고 있다.

「유인국경낙도법」의 핵심은 "일본의 영해를 수호하고 배타적 경제수역에서의 권익을 확보하기 위해서는 국경지역에서 낙도의 역할이 중요하다"는 것이다.[12] 「유인국경낙도법」의 실질적인 목적은 일본의 영해, 배타적 경제수역에 대한 관리 강화다. 그러나 국경낙도가 일본의 지정학적 경제적 활동의 거점으로서 전략적 기능을 수행하기 위해서는 사람이 거주해야 한다. 이를 위해서 해당 지방자치단체 및 관련 성청과 연계하는 방안을 모색하는 등 정부 간 유기적인 협력을 위한 시책을 제시했다.[13] 「유인국경낙도법」은 지자체와 정부가 지역 주민에 대해 필요한 재정적 지원과 교통, 교육, 의료 등 인프라 시설을 보완하거나 제공하도록 했다. 해양기본법과 해양기본계획에서는 주로 해상 경비와 자원 등 안보와 경제를 중시했다면 이 법안에서는 지역사회와 주민, 인구의 이동을 강조했다. 이러한 변화는 국경낙도 정책에서 일정 규

---

12 山田吉彦. "離島活性化による日本の新たな海洋政策の推進: 有人国境離島法の動向,"「東海大学海洋研究所研究報告」第40号, 2019, 1-9쪽.
13 内閣府. '有人国境離島'(https://www8.cao.go.jp/ocean/kokkyouritou/yuujin/yuujin.html).

모 이상의 인구가 정주하는 것이 중요한 사안임을 보여준다.

2017년 4월 7일에는 내각총리대신 결정으로 「유인국경낙도지역의 안전 및 특정유인국경낙도 지역에 관한 지역사회의 유지에 관한 기본 방침」을 발표했다. 이 기본 방침에서 유인국경낙도지역에 대해 다음과 같이 정의했다.

> "유인국경낙도지역은 「유인국경낙도법」 제2조에서 자연적·경제적·사회적 관점에서 일체를 이룬다고 인정되는 2개 이상의 낙도로 구성되는 지역(해당 낙도 중 영해기선을 갖는 낙도가 있는 것에 한정) 중 실제 일본 국민이 거주하는 낙도로 구성된 지역 및 그 외 영해기선을 갖는 낙도로 실제 일본 국민이 거주하는 지역으로 정의한다. 기본 방침은 자연적·경제적·사회적 관점에서 일체를 이루는 것으로 인정되는 지역을 다음과 같이 몇 개 지역으로 정의하고 유인국경낙도지역, 지역을 구성하는 낙도를 29지역, 148개 섬으로 한다."(일본 내각부)

유인국경낙도 기본 방침에는 지역사회와 역할을 강조했으며, 주요 내용은 다음과 같다. "일본은 영해 등 안전을 모색하는 상황에서 유인국경낙도지역의 안전과 지역사회 유지가 매우 중요하다", "유인국경낙도지역은 일본 국민이 거주하고 있으며 어업, 해양에 대한 각종 조사, 영해 정비, 저조선 보전구역의 감시 등 영해 등의 보전에 관한 활동을 거점으로 중요한 기능을 한다" 등이다.

일본 정부는 유인국경낙도 지역 가운데 사람들이 거주하기 어려운 환경으로 인구를 유지하기 위해 특별히 관리가 필요한 섬에 대해 '특정유인국경낙도지역'를 설정했다. 일본 정부는 특정유인국경낙도에 대해서 "본토에서 먼 거리에 위치하면서 현저히 인구가 감소하고 있는 특정유인국경낙도 지역은 향후 무인화(無人化)가 될 우려가 있다. 일단 무인화가 되면 활동 거점으로서 기능을 유지하기 매우 곤란하다"고 봤다.[14] '특정유인국경낙도지역'으로 지정된 15개 지역 71개 섬에 대해서는 지역사회 유지를 위한 전략을 추진하고 있다. 2027년까지 '특정유인국경낙도 지역의 인구 사회 증가'를 내세워 사람이 교류하며 물자 유통을 원활히 하고 섬 지역의 경제를 확대하는 지역사회를 만드는 것을 목표로 했다.

특정유인국경낙도지역의 주요 시책으로는 항로와 항공노선 운임의 저가화, 물자비용 부담의 경감, 고용 기회 확충, 농림수산업의 재생과 창업, 지역 사업 확대 및 촉진, 체재형 관광 촉진 등이 있다. 이들 지역에서 어민들이 안정적으로 어업 경영권을 확보하기 위한 목적으로 어업자가 외국 어선을 조사, 감시해 해역을 확보할 수 있도록 하는 방안을 마련했다. 이 가운데 체재형 관광 촉진은 현지에서 식재료를 상품화하고 숙박이나 전통문화 체험 등 현지 지역에 밀착한 여행상품을 기획하고 판매하는 것을 말한다. 국내외 여행객을 대상으로 장기 체류가 가능한 숙식 정보를 제공하기도 한다.

그 밖에 아마미군도(奄美群島), 오가사와라제도(小笠原諸島) 및 오키나와(沖縄)에 대해서는 각각 「아마미군도 진흥개발특별조치법」, 「오가사와라제도 진흥개발특별조치법」 및 「오키나와 진흥특별조치법」을 제정해 해당 지역에 대한 맞춤형 진흥책을 실시하고 있다. 이 지역은 본토에서 원거리에 위치하며, 인구 감소 등 급격한 환경 변화를 겪는 것으로 봤다. 이에 대한 대응으로 각 지역의 특성에 따른 산업을 진흥하며 신규 고용 확대를 모색했다. 아마미군

---

14 国の基本方針の概要(https://www.pref.nagasaki.jp/bunrui/kenseijoho/kennokeikaku-project/kokkyoritou/).

도 중 아마미오섬(奄美大島)은 2021년 유네스코 세계자연유산으로 등재됐으며, 자연환경 보호 및 관리의 측면에서 지속 가능한 발전을 위해 필요한 조치를 강구하고 있다.

한편 일본 국민을 대상으로 국경낙도에 대한 관심을 높이기 위해 관광 서비스를 추진했다. 관광 서비스와 관련해 실시하는 대표적인 캠페인이 '일본의 국경에 가자(日本の国境に行こう)'다. '일본의 국경에 가자' 추진 사무국은 내각부 종합해양정책추진사무국 유인국경정책추진실에 설치했다. 2017년 7월 27일에는 내각부와 각 지자체 대표가 모여 '일본의 국경에 가자' 프로젝트를 위한 「국경의 섬 헌장(国境の島憲章)」을 발표했다. 이 헌장의 전문은 다음과 같다.

"섬나라 일본의 국경은 많은 섬으로 인해 형태가 만들어져 있다. 국경의 섬들은 예전부터 일본과 대륙의 교류 거점으로 뿌리내린 문화가 일본 고유의 문화와 융합해 독자의 문화를 형성했으며, 현재에도 그리운 일본의 모습, 일본인의 본질이 남아 있는 귀중한 지역이다. 우리 특정유인국경낙도지역으로 지정된 지역의 시정촌장을 중심으로 하는 발기인은 「유인국경낙도법」 제17조에 기반해 「유인국경낙도법」 연원인 2017년부터 새롭게 일본의 국경이 섬이라는 것을 알며 섬나라 일본·해양국가 일본이라는 아이덴티티를 확인하고 국경의 섬들을 가치화하기 위한 국민운동을 일으킬 것을 결의한다. 이 헌장은 발기인뿐 아니라 국경의 섬과 관계되는 행정·민간·단체 각각 당사자가 공통의 인식을 갖는 가운데 국경의 섬들을 활성화하는 프로젝트에 주체적으로 대응하기 위한 것이다"(일본 내각부).

'일본의 국경에 가자'는 체험 프로젝트로서 지역 농수산물 상품의 유통과 판매, 촉진을 확대하려는 사업으로도 소개하고 있다. '일본의 국경에 가자' 프로젝트는 국경의 섬에 일반 방문객이 오고가며 관광하거나 체류하는 등 섬을 활성화하고 중요성을 널리 알리는 것을 목적으로 하고 있다. '국경의 섬 서밋'을 개최하고 '국경낙도 구르메 페어(国境離島グルメフェア)'를 통해 지역 식자재를 이용한 먹거리를 소개하거나 낙도관광투어 등 SNS를 통해 관광 프로그램을 홍보하고 참여하도록 했다. '국경낙도 구르메 페어'는 지자체에서 주력하는 관광 이벤트로 일반적으로 잘 알려지지 않은 국경의 섬 식재료를 상품화하고 관련한 여행상품 개발 등의 지원을 모색했다.[15]

    섬 지역의 지자체에서는 지역 주민의 의견을 수렴하기 위해 정촌회나 어업협회 등 의사소통을 위한 협의체를 구성했다. 국경낙도 섬의 인구 감소와 관련해 청년들이 정주하고 지역의 역사와 문화, 산업을 개선해 지역사회를 유지하기 위한 논의를 실시했다. 지자체에서는 지역사회와 민간재단, 기업체를 연계한 활동에 대해서도 적극 관여했다. 일례로 나가사키현(長崎縣)에서는 국경낙도 지역의 이점을 살려 지리적인 장벽이 적은 IT기업이나 BPO(업무의 일부를 외부의 전문 업체에 위탁하는 것) 관련 기업 등에 신규 유치를 적극적으로 추진했다. 2016년에는 '나가사키 모델'로서 지자체와 시정촌 협동형 '나가사키 이주 서포트 센터'를 설립하고 일과 거주, 생활정보를 일체화하도록 했다. 이 센터를 통해 지역사회에 대한 정보를 발신하고 기업체에서는 적극적으로 영업을 전개하며 새로운 인재와 기업을 매칭하는 등의 활동을 실시했다. 나가사키현 쓰시마시(對馬市)에서는 '쓰시마시 빈집 은행 제도'를 설립해 현내(縣內)의 기업에 취업한 신입 직원을 대상으로 취업 장려금, 이주 관련 보조금

---

15 '日本の国境に行こう!!'(https://kokkyo-info.go.jp/kokkyo/).

을 활용하는 등 청년들의 이주를 촉진했다.

일본에서는 국경낙도에 대한 국민적 관심을 높이기 위해 관광 서비스 등 홍보를 하는 한편 거주민에 대해서는 제도적·경제적 지원을 모색하고 있다. 일본에서는 국경낙도와 해양영토 관련 정책을 강화하는 가운데 지역 주민에 대한 경제적 지원과 교통, 교육, 의료시설 등 환경 개선을 추진해 나갈 것이다. 학계에서도 국경 문제를 포함해 해양 영토나 해양정책에 대한 관심을 기울이는 만큼 관련한 연구 성과와 출판물도 이어질 것이다. 일본 국민이 국경에 대해 갖는 관심은 아직 높지 않다. 그러나 일본 정부에서 국경 관련 정책과 제도를 적극적으로 추진하고 지자체에서 홍보활동을 강조하는 만큼 추후 여론의 변화에 주목할 필요가 있다.

소외된 섬에서 '관리하는 영토'로

일본에서 국경낙도는 정부의 제도적인 지원을 기반으로 소외된 섬에서 이른바 '관리하는 영토'로 변화하고 있다. 지난 3월 10일 도쿄도(東京都)에서 '오키노토리시마(沖ノ鳥島)·미나미토리시마(南鳥島) 심포지엄'을 개최했다. "도쿄에는 당신이 아직 '알지 못하는 섬'이 있다"는 슬로건을 내세우며 일본의 최남단인 오키노토리시마와 미나미토리시마 등 국경낙도에 대한 국민의 관심을 호소했다. 심포지엄의 주요 내용은 "국경낙도에서 해양자원 개발, 연구조사 등을 활성화해서 해양입국을 이뤄야 한다"는 것이다. 이 같은 시각은 앞서 이토 아비토가 제시한 섬나라의 폐쇄성과 고립성에 관한 관점에서 볼 때 조금 다른 맥락을 제시한다. 일본 정부가 주도하는 해양정책은 국경낙도를 국가 전략의 중심으로 보고 안보와 경제를 중시한다는 것이다. 물론 지역사회에 대한 지원과 식생활, 전통과 문화에 대한 관심을 언급하고는 있으나 이것이 국경낙도 관리의 주된 목적은 아니다. 이토 아비토는 "주변부는 중앙의 권위나 정통성과 별도의 생활권을 형성했으며, 이들도 일본 사회나 문화로 자리매김해야 한다"고 지적했다. 일본의 국경낙도는 주변에 놓여 있으나 일본의 전체 국가관을 형성하는 데 중요한 역할을 하는 것은 분명하다. 향후 동아시아 해양을 둘러싼 국가 간 안보 경쟁과 섬 주변의 해양자원 개발 등 잠재적인 가치를 고려할 때 국경낙도의 전략적 입지는 더욱 주목을 받을 것이다.

일본은 2000년대 이후 해양정책을 강화하고 있으며, 관련 성청 등 주요 기관을 통합하고 정비해 종합적인 해양관리를 추진하고 있다. 이를 기반으로 일본은 해양입국으로서 일본 국가의 정체성을 확립하고자 할 것이다. 물론 국경에 대한 일본 정부의 적극적인 관심과 일반 국민의 무관심 사이에는 커다란 간극이 있다. 이를 보완하는 것이 섬을 직접 관할하는 지자체와 지역 주민 간 협의체다. 지역사회에서 각종 위원회와 프로젝트를 통해 중앙정부와 지역사회, 주민의 이해관계를 조율하기 위한 목적으로 활동하고 있다. 그러나 일본의 국경낙도는 인구 감소와 병원이나 학교 등의 인프라 부족, 이동 수단의 고비용과 저효율, 자원 개발과 환경오염이라는 문제를 겪고 있으며, 일본 정부의 지원과 제도의 성과에 대해서는 아직 판단하기 어렵다. 일부에서는 일본의 국경낙도 문제는 정부의 제도적 지원만으로 해결할 수 없으며, 지역사회와 섬 주민의 역사적·문화적 맥락에 대한 깊은 이해와 장기간의 노력이 필요하다고 봤다.

일본에서는 19세기 이래 제국주의적 영토를 확장하면서 내무성의 훈령을 통해 각 도서 지역에 대해 지명과 소속 현을 고시했다. 이 과정에서 국가기관이 강제로 섬 주민의 토지와 어업, 주거에 대한 권리를 착취하고 지배권을 행사했다. 1994년 유엔해양법협약(UNCLOS)이 발효된 이래 일본은 해양 권익의 확보와 강화라는 측면에서 해양 영토를 중요한 전략적 거점으로 인식했다. 2007년 해양기본법을 공포한 이래 관련 정책을 정비하고 기구를 통합해 관리하도록 했다. 일본 정부는 종합해양정책본부를 설치하고 내각관방 영토·주권대책기획조정실(領土·主權對策企劃調整室)을 설치해 해양 영토 정책을 추진했다. 영토·주권과 관련해 외무성과 문부과학성, 방위성, 해상보안청, 국토지리원 등 관계 성청과 긴밀하게 연대를 추진해 해양 영토에 대한 종합적인 조정과 관리를 모색했다. 2017년에는 148개 섬을 대상으로 '유인국경낙도'로 지정하고 일본의 영해를 보전하고 안보를 강화하기 위한 인프라를 구축하고 지역사회에 대한 지원책을 마련했다.

이 같은 일본 정부의 제도적 대응과 관심에도 불구하고 일반 국민들의 국경낙도에 대한 인식은 그다지 높지 않다. 이를 보완하기 위해 지자체에서 중앙정부와 지역사회 간 이해관계를 조정하기 위한 협력을 추진하고 있다. 물론 어업자원을 둘러싼 어민과 정부 간 갈등, 선주민(先住民)의 역사에 대한 이해와 전통의 보존, 해양자원 개발과 환경 보호 등 해결해야 할 과제들이 남아있다. 일본 정부가 주도하는 해양정책과 관련 제도는 지역 주민에게 경제적 혜택을 제공하는 한편 해양 권익의 강화라는 측면에서 주변국과 충돌을 야기할 수 있다. 풍부한 자원과 천혜의 자연을 가진 국경낙도가 주변국과 공존하는 평화의 섬으로 향하길 바란다.

주저앉는 일본, 부활하는 일본

소장학자들의 새로운 시선

제Ⅱ부

밖에서 바라본
일본

주저앉는 일본, 부활하는 일본

소장학자들의 새로운 시선

바이든 행정부 시기
한·미·일 3자 협력: 경과와 전망*

이수훈

바이든 행정부의 대외전략 기조

바이든(Joseph R. Biden, Jr.) 행정부 출범 후 미 대외전략에 변화가 일고 있다. 취임 후 첫 국제회의 연설에서 '미국이 돌아왔다(America is Back)'를 천명하며[16] 미국의 세계적 역할을 강조한 바 있는 바이든 대통령은 지난 1년간 다음의 대외전략 기조를 토대로 대외정책을 수립했다. 첫째는 민주주의적 가치와 자유주의 국제 질서 재건을 통한 미국의 세계적 리더십 복원, 둘째는 동맹 네트워크와 글로벌 거버넌스 재구축을 통한 미국의 세계적 입지 강화다.[17] 바이든 행정부는 위 대외전략 기조를 통해 전임 트럼프(Donald J. Trump) 행정부가 주장해 온 '미국 우선주의(America First)'의 종언을 알리고 미 대외정책의 대전환을 시사했다.

---

* 이 글은 한국국방연구원에서 발간된 "한미일 3자 협력에 대한 바이든 행정부의 의지"(동북아안보정세분석, 2022년 3월 11일)를 수정 및 보완한 것임.
[16] The Munich Security Conference, Feb. 19, 2021.
[17] 이수훈·강석율·김기범, "미국 신행정부의 아태지역 안보·국방정책과 우리의 대응 방향," 한국국방연구원, 2021. 10. 31. 55쪽.

바이든 행정부는 출범 첫해 파리기후협약 복귀, 세계보건기구(WTO) 탈퇴 철회, 쿼드(Quad) 정상회의 개최, 오커스(AUKUS) 창설 등 역동적인 대외정책 행보를 이어가고 있다. 바이든 대통령은 2020년 기고문에서 주장한 바와 같이 미국을 "테이블의 상석으로 되돌려놓기(back at the head of the table)"[18] 위해 글로벌 거버넌스와 국제기구에서 미국의 리더십을 복원하고, 동맹 네트워크를 재정립하기 위해 다양한 노력을 기울이고 있다. 이와 같은 바이든 행정부의 외교 행보는 앞으로 미국의 대외정책 방향이 자유주의 국제 질서 재건과 인도-태평양 지역에서 중국의 부상(浮上) 견제로 설정돼 있음을 시사한다.

이와 같은 맥락에서 바이든 행정부는 미국-한국-일본 삼국 협력의 중요성을 지속적으로 강조해 왔다. 미 동맹국으로 구성된 한·미·일 3자 협력은 바이든 행정부의 대외정책 기조에 부합하는 다자협력이다. 한국과 일본 모두 자유주의 국제 질서에 적극적으로 참여하고 있으며, 역내 미국의 "가장 중요한 동맹국(key allies)"[19]이다. 특히 한국과 일본이 위치한 동북아는 미·중 경쟁의 관점에서 봤을 때 미국에 전략적으로 매우 중요한 곳이다. 한·미·일 3자 협력 추동에 대한 바이든 행정부의 의지가 확고할 수밖에 없는 이유다. 단, 미국의 지역 안보전략에서 주한 미군과 주일 미군의 역할은 다르다. 미국은 이 두 동맹을 통합한 3자 협력을 통해 지역 안보를 관리하고자 한다. 이 글에서는 한·미·일 3자 협력에 대한 역사를 설명하고, 그동안 바이든 행정부가 발표했던 공식 메시지의 변화를 추적함으로써 한·미·일 3자 협력에 대한 미국의 의지를 분석한다. 결론에서는 우리의 대외전략에 대한 함의를 논의한다.

---

18 Joeseph R. Biden, Jr., "Why America Must Lead Again: Rescuing US Foreign Policy after Trump," *Foreign Affairs*, March/April 2020.
19 Antony J. Blinken & Lloyd J. Austin III, "Opinion: America's Partnerships are 'force multipliers' in the world," *The Washington Post*, March 14, 2021.

한·미·일 3자 협력 경과

한·미·일 협력을 추동하기 위한 미국의 노력은 냉전 시기로 거슬러 올라간다. 한·미·일 협력에 대한 이해를 돕기 위해서는 미국과 일본 그리고 미국과 한국의 양자 관계를 각각 살펴봐야 한다. 제2차 세계대전 후 미국은 1951년 샌프란시스코 강화조약(Treaty of San Francisco)에서 일본과의 동맹을 맺었고, 이를 계기로 태평양 반대편에 전략적 요충지를 확보했다. 1951년 체결된 미·일안보조약(Security Treaty between the United States and Japan)과 1960년 체결된 미합중국과 일본의 상호 협력 및 안전보장조약 미·일안전보장조약(Treaty of Mutual Cooperation and Security between the United States and Japan) 모두 일본 영토에서의 미군 주둔을 명시했다.

한국과 미국은 1953년 상호방위조약을 체결했고, 한·미 연합 전력을 토대로 한국의 방위를 도모하고 있다. 당시 미국은 호주, 뉴질랜드, 필리핀 등의 국가들과도 관계를 강화함으로써 미국 중심의 '허브 앤 스포크(hub and spoke)' 시스템을 구축했고, 냉전 시기 자유주의 국제 질서 수립의 토대를 마련했다. 자유주의 진영을 대표하는 미국은 당시 공산주의 진영의 중국과 북한을 견제하기 위해 한국과 일본의 협력이 절실했다. 특히 대약진운동 실패에도 불구하고 핵무기 개발에 박차를 가하던 중국이 1964년 원자탄 실험에 성공하면서 미국은 동북아에서 공산주의 진영의 팽창을 우려하기 시작했다.

미국은 미·한, 미·일 군사동맹을 강화함으로써 역내 중국의 군사적 부상을 견제하고자 했다. 이러한 가운데 한국과 일본의 관계 정상화를 지지했던 미국의 존슨(Lyndon B. Johnson) 대통령은 1965년 한·일기본조약이 체결되자 환영의 뜻을 밝혔다. 냉전이 종식된 후, 1998년 북한이 장거리 탄도미사일 '대포동'을 시험 발사하자 한·미·일은 북핵 문제를 포함한 각각의 대북정책을 긴밀하게 논의하고 조정하기 위해 1999년 대북정책 조정 감독그룹인 티콕(Trilateral Coordination and Oversight Group: TCOG)을 설치했다. 그러나 TCOG은 2000년대 초반 잠정 중단됐고, 2008년 차관보급을 대표로 하는 국방·외교 연례안보협의체인 한·미·일 안보회의(Defense Trilateral Talks: DTT)가 개최됐다.

2008년 11월 미국 워싱턴에서 열린 제1차 DTT에서는 한·미·일 3국이 지역 안보 정세를 평가하고 북한의 핵·미사일에 대한 대응 방안을 논의했다. 이후 한·미·일은 2009년 회의에서 정보 보호 및 해적 퇴치 방안, 2010년 제3차 회의에서 3국 안보협력체 조정 강화와 인도적 지원 등을 논의했다. 한·미·일 안보회의 초기 3국은 주로 지역 안보와 인도적 지원에 대한 의제를 다뤘고, 2012년 제4차 회의에 들어 본격적으로 한·미·일 안보 협력 증진에 대한 논의를 진행한 것으로 파악된다. 제5차 회의에서는 북한 미사일 위협에 관한 정보 공유와 3국의 안보 협력 증진을 위한 논의가 이뤄졌다.

한·미·일은 2014년 열린 제6차 회의에서 북한의 핵·미사일 개발 억제를 위한 3국의 공동 대응과 국제사회와의 협력을 본격적으로 논의했다. 제8차 회의에서도 북한의 핵·미사일 위협에 대한 3국의 공동 평가와 안보 협력 증진 방안을 토의했다. 시간이 지날수록 북한 위협에 대한 3국 공조의 필요성이 점차 대두됐다. 제9차 회의는 한국 내 사드(THAAD) 배치 이후에 개최됐고, 이 회의 후 국방부는 사드 배치가 "역내 국가들에 어떠한 위협도 주지 않는 조치라는 것을 재확인하고, 한국에 대한 압력과 보복을 취하는 것은 비이성적이고 부적절하며 즉각 중단"돼야 한다는 데 3국이 의견을 같이했다고 밝

했다. 나아가 3국의 안보 협력이 역내 안보에 기여하고 있다는 점도 강조했다.[20]

한·미·일은 제10차 DTT에서도 한반도 비핵화를 위한 공조 방안을 논의했고, 2019년 열린 제11차 회담에서는 북·미 정상회담을 계기로 3국이 한반도의 완전한 비핵화와 항구적인 평화 정착을 달성하기 위해 노력할 것이라는 점과 역내 평화와 안정을 위해 정보 공유와 정책 협의를 증진하겠다는 공동성명을 냈다. 가장 최근에 열린 제12차 회의(2020년 5월 13일 개최)는 코로나 19로 인해 화상회의로 개최됐고, 한·미·일은 북한 핵·미사일에 대한 3국 안보 협력의 중요성에 대해 논의했다.

그동안 DTT를 통해 한·미·일 3국의 대북정책 공조가 구체적으로 어떻게 이뤄졌고 어떠한 효과가 있었는지를 파악하긴 어렵다. 그러나 제53차 한·미 안보협의회의(Security Consultative Meeting: SCM) 공동성명에 명시됐듯이 "한반도의 완전한 비핵화 달성 및 동북아의 평화와 안정을 증진시키기 위해 … (중략) … 한·미·일 안보회의(DTT)" 등의 3자 안보 협력이 중요하다는 점은 한·미 안보 협력 차원에서도 지속적으로 강조되고 있다.

한국과 미국의 연합 방위 능력 제고를 위해 1968년부터 매년 개최된 한·미 SCM에서도 한·미·일 3자 협력에 관한 내용은 꾸준히 다뤄졌다.[21] 2014년 제46차 SCM에서 한·미는 한·미·일 정보 공유 방안에 대한 논의를 이뤄나가기로 협의했다. 제48차 한·미 SCM 공동성명에는 당해 1월과 9월에 있었던 북한 핵실험에 대한 "한·미·일 3국 간 외교 및 국방 분야 협력을 긍정적으로 평가"했고, 한·미 양 장관은 "DTT 등 정기 국방협의체를 통해 3국 간 실질적

---

20 오세중, "한미일 '사드 배치 자위적 방어조치. 韓에 보복은 부적절," 머니투데이, 2017.04.19.
21 이하 SCM 공동성명은 국방부 홈페이지 자료 인용. 국방부, "한미 안보협력회의(SCM) 공동성명" 참조(https://www.mnd.go.kr/user/boardList.action?boardId=I_43915&siteId=mnd&id=mnd_010704010000).

인 국방 협력 증진" 필요성에 대해 공감했다. 제49차 SCM 공동성명에서 한·미 양 장관은 한·미·일이 아태지역에서 공동 안보 도전에 직면하고 있음에 공감하고, "3국 간의 정보 공유 증진과 대응 능력 강화를 위해 필요한 조치"를 취하고 "3국 간 안보 협력을 증진"하기로 했다.

한·미 SCM에서 논의하는 한·미·일 협력의 핵심은 북한 핵·미사일 개발에 대한 정보 공유 증진과 대응 능력 강화다. 즉, 3국이 북한 핵·미사일 개발에 관한 정보를 공유함으로써 도발을 억제하고 3국의 공동 대응을 준비하는 것이 한·미·일 협력의 핵심이라는 것이다. 제50차 SCM에서는 위와 유사한 내용을 포함해 "[한·미·일] 3자 협력을 지속해 나가면서, 역내 다자간 안보 협력으로 확대하는 방안"을 한·미 양국이 함께 모색해 나가기로 했다. 한·미·일 3자 협력을 동북아 다자 안보 협력의 기반으로 만들겠다는 것이다.

제51차 SCM 공동성명에도 제50차와 유사한 내용이 포함됐고, 한·미·일 인적 교류 활동 증진을 추가로 담았다. 특히 한·미·일 3자 안보 협력을 "동북아의 평화와 안정을 증진시키기 위해 역내 다자간 안보 협력으로 확대하는 방안도 함께 모색"한다는 내용이 재차 강조됐다. 2020년 열린 제52차 SCM에서는 동북아의 평화와 안정을 위해 "한·미·일 안보회의(DTT)를 포함한 고위급 정책 협의, 연합훈련, 인적 교류 활동 등 한·미·일 3자 안보 협력을 지속"하기로 했다. 이와 같은 내용은 최근 제53차 SCM에도 반복해서 명시됐다.

한편 북한의 4차, 5차 핵실험이 있던 2016년 한국과 일본은 그동안 논의에 머물러 있던 한·일 군사정보보호협정(General Security of Military Information Agreement: GSOMIA)을 체결했다. 이보다 앞선 2014년 한·미·일은 3자 정보공유약정(Trilateral Information Sharing Arrangement: TISA)을 체

결해 북한의 핵·미사일 관련 정보를 공유했으나 TISA는 사실상 미국을 통한 한국과 일본 간 간접 정보 공유였다. 이를 보완하기 위해 한·일 양자 차원의 GSOMIA를 체결한 것인데, 일본이 한국을 백색국가 명단(white list)에서 제외하는 것을 시작으로 GSOMIA는 체결한 지 5년 만에 종료됐다. 당시 미국은 한·미·일 공조 체제의 중요성을 강조하며 GSOMIA 종료를 막기 위해 노력했고, 이후 한국 정부는 "언제든지 한·일 지소미아의 효력을 종료시킬 수 있다는 전제하에 지소미아 종료 통보의 효력을 정지"[22]했다고 발표했다.

TCOG, DTT, TISA 모두 한·미·일 3자 협력을 위해 한·미·일이 공동으로 창설한 협력체다. 또한, 한·미 안보 협력을 논의하는 SCM에서도 한·미·일 3자 협력을 강조했다. 그러나 이와 같은 노력에도 불구하고 한·미·일 3자 협력에는 부침이 심했다. 특히 최근 들어 한·일 관계가 악화하며 한·미·일 3자 협력이 추동력을 잃고 있다. 한·미·일 3자 협력은 한·미동맹, 미·일동맹과는 달리 군사동맹이 아니다. 역내 공동의 위협을 관리하기 위해 추진된 한·미·일 3자 협력은 양자 관계와 비교해 고려해야 할 사항이 더욱 많을 수밖에 없다.

자유주의 국제 질서의 대표적 국가들인 한국, 미국, 일본 3국이 협력하지 못하는 것은 역량의 문제가 아닌 의지의 문제일 것이다. 미국은 지난 반세기 동안 한·미동맹과 미·일동맹을 기반으로 한·미·일 3자 협력을 추진해 동북아 안보 문제에 관여하고자 했다. 그리고 자유주의 국제 질서 재건과 미국의 세계적 리더십 복원을 대외정책 방향으로 수립한 바이든 행정부가 출범했다. 한·미·일 3자 협력이 다시 주목을 받기 시작한 것이다.

---

22 외교부, "대변인 정례브리핑," 언론담당관실, 2020.08.04.

한·미·일 3자 협력에 대한 바이든 행정부의 메시지 변화

지난 1년간 바이든 행정부가 한·미·일 3자 협력에 대해 내놓은 메시지는 시간이 지나며 점차 그 방향이 명확해지고 있다. 바이든 행정부 출범 초기 한·미·일 협력은 "한·미·일 3자 협력(ROK-US-Japan trilateral cooperation)"[23]이라고 통칭했다. 바이든 행정부 출범 첫해 첫 고위급 순방으로 안토니 블링컨(Antony J. Blinken) 국무 장관과 로이드 오스틴(Lloyd J. Austin) 국방 장관은 2021년 3월 도쿄와 서울을 찾았다. 이에 앞서 진행된 미 국무부와 국방부의 합동 브리핑에서 당시 성김(Sung Kim) 국무부 동아태 차관보 대행은 첫 고위급 순방으로 두 장관이 일본과 한국을 선택한 배경을 설명했고, 여기서 북한 문제 등을 효과적으로 다루기 위해 한·미·일 3자 협력(trilateral cooperation)이 중요하다는 점을 피력했다.

성김 대행과 함께 브리핑을 진행한 데이비드 헬비(David Helvey) 국방부 인도-태평양 차관보 대행 역시 두 장관이 한국과 일본을 방문한 배경을 설명하며 미국과 동맹들이 공유하는 규칙 기반의 국제 질서(rule-based international order)를 강조했다. 블링컨과 오스틴 두 장관은 일본, 한국 순서로 진행한 2+2 회담에서 한·미·일 3자 협력의 중요성에 대해 강조했고, 한국과 일본의 외교, 국방 장관 역시 이에 공감했다. 미일 2+2회담에서 블링컨 장관은 인도-태평양 지역의 지정학적 가치와 역내 미국, 일본, 한국으로 이뤄진 3국 협력 증진의 중요성을 강조했고, 모테기 도시미쓰(茂木敏充) 일본 외무성 대신 역시

---

23 US Department of State, "Joint Statement of the 2021 Republic of Korea-United States Foreign and Defense Ministerial Meeting("2+2"), Media Note, March 18, 2021.

대북정책에서 일본, 미국, 한국 3개국의 협력을 계속해 나갈 것이라고 했다.

한 가지 주목해야 할 부분은 블링컨 장관의 표현이다. 미·일 2+2회담 이후 열린 기자회견에서 블링컨 장관은 북한 문제 해결을 위한 "3국 협력의 필요성이 본인 판단에는 앞으로 매우 중요하다(continued trilateral engagement and cooperation will be, in my judgment, very important going forward)"[24]라고 했다. 여기서 블링컨 장관은 '본인 판단에는(in my judgment)'이라는 단서를 달았다. 바이든 행정부의 첫 해외 고위급 방문에서 블링컨 장관은 한·일 관계의 특수성을 고려해서 메시지 선정에 주의를 기울인 것으로 해석할 수 있다. 뒤이어 서울에서 열린 한·미 외교 장관 회담과 국방 장관 회담에서도 한·미·일 협력의 중요성을 강조했다.

2021년 5월 열린 한·미 정상회담에서도 한·미·일 협력이 논의됐다. 인도-태평양 지역과 역내 미국의 동맹 관계 재정비의 중요성을 핵심 전략으로 강조한 바이든 행정부는 출범 후 첫 정상회담으로 일본을, 두 번째 정상회담으로 한국을 선택했다. 한·미 정상은 공동성명에서 북한 문제 해결, 공동 안보와 번영 수호, 공동의 가치 지지, 규범 기반의 질서 강화를 위해 "한·미·일 3국 협력의 근본적인 중요성"을 강조했다.[25] 회담 후 열린 공동 기자회견에서 바이든 대통령은 한·미동맹이 한반도 문제뿐 아니라 세계적 차원의 문제도 다룰 수 있다며, "일본과의 3자 협력과 같은 협력"을 통해 이를 더욱 강화할 수 있다고 했다.[26] 바이든 행정부는 한·미 정상회담, 국무·국방 2+2회담에서 한·미·일 3자 협력을 언급함으로써 한반도와 역내 안보에서 3국 협력의 중요

---

24 US Department of State, "Secretary Antony J. Blinken, Secretary of Defense Lloyd Austin, Japanese Foreign Minister Toshimitsu Motegi, and Japanese Defense Minister Nobuo Kishi at a Joint Press Availability," Remarks to the Press, March 16, 2021.
25 청와대, "한미 정상 공동성명," 2021.05.22.
26 The White House, "US-ROK Leaders' Joint Statement," Briefing Room, May 21, 2021.

성을 지속적으로 강조했다.

바이든 행정부가 한·미·일 3자 협력에 공식적으로 '안보'를 명시한 것은 2021년 12월 제53차 한·미안보협의회에서다. 공동성명에서 한·미 양 국방 장관은 "한·미·일 3자 안보 협력이 역내 안정에 여전히 핵심적이라고 평가했으며, 한반도의 완전한 비핵화 달성 및 동북아의 평화와 안정을 증진시키기 위해 정보 공유, 한·미·일 안보회의(DTT) 및 3국 국방 장관 회담을 포함한 고위급 정책 협의, 연합훈련, 인적 교류 활동 등 3자 안보 협력을 지속해 나가기로 했다"고 발표했다.[27] 물론 한·미 SCM 공동성명에서 한·미·일 3자 안보 협력이 명시된 것이 처음은 아니다. 이전 SCM 공동성명에도 한·미·일 안보 협력에 관한 문구는 명시됐다.[28] 다만 바이든 행정부 들어 한·미·일 3자 협력에 공식적으로 '안보'가 명시된 것은 한·미 SCM이 처음이다. 나아가 이는 과거 한·미 SCM 성명과 비교했을 때에도 미세한 온도차가 감지된다. 제53차 SCM에서 한·미 양 장관은 "한·미·일 3자 안보 협력이 역내 안정에 여전히 핵심적이라고 평가"했다. 지난 몇 차례 SCM 공동성명과 달리 이번에는 한·미·일 안보 협력이 '여전히 핵심적(remains critical)'[29]이라고 평가했다. 3자 안보 협력이 지속적으로 중요하다고 강조한 것이다.

2022년 2월 중순 하와이에서 개최된 한·미·일 국무, 외교 장관 회담 후 발표된 공동성명에서 3국 장관은 규칙 기반의 경제 질서를 강화하고 인도-태평양 지역의 번영을 보장하기 위해 한·미·일 3자 협력의 중요성을 강조했다. 한·미·일 장관은 "21세기 주요한(긴급한) 도전을 다루기 위해 굳건한 미국-일본-한국 3자 협력의 중요성을 재차 확인(reaffirm the critical importance

---

27 국방부, "제53차 한미안보협의회의(SCM) 공동성명," 2021.12.02.
28 전술한 바와 같이 '한·미·일 안보 협력'은 과거 제49차, 제50차, 제51차, 제52차 SCM 등에서도 명시됐다.
29 US Department of Defense, "53rd Security Consultative Meeting Joint Communique," Dec. 2, 2021.

of strong U.S.-Japan-ROK trilateral cooperation as we seek to address the most pressing 21st Century challenges)"[30]했다고 밝혔다.

또한, 한·미·일 국무, 외교 장관은 "한반도에서의 완전한 비핵화와 항구적 평화(complete denuclearization and lasting peace on the Korean Peninsula)"를 달성하기 위해 긴밀한 3자 협력이 필요하다는 점과 "미국-일본 동맹과 미국-한국 동맹이 역내 평화와 안정을 유지하기 위해 중요(U.S.-Japan and U.S.-ROK alliances are essential to the maintenance of peace and stability in the region)"하다는 점을 재확인했다. 따라서 3국은 "3자 안보 협력을 발전시키는 데 전념(committed to advance trilateral security cooperation)"할 것이라고 명시했다.

정리하면, 바이든 행정부 출범 직후 2021년 3월에 열린 2+2회담에서 블링컨 장관은 한·미·일 3자 협력의 중요성에 대해 '본인 판단에는'이라는 단서를 달며 조심스러운 태도를 보였으나, 뒤이어 5월에 개최된 첫 한·미 정상회담에서는 한·미·일 3자 협력의 '근본적인 중요성'과 '국제적 역할'이 논의됐다. 12월 열린 제53차 SCM에서는 한·미·일 안보 협력이 "여전히 핵심적"이라며 '지속성'을 논의했고, 한·미·일 국무, 외교 장관 회담에서는 한 걸음 더 나아가 3자 안보 협력의 '발전성'을 강조했다. 이러한 변화는 바이든 행정부 출범 후 한·미·일 3자 협력 추진에 대한 미국의 메시지가 점차 강화되고 있음을 방증한다. 공식 메시지의 점진적 변화가 반드시 실질적인 변화로 이어질 것이라고 할 수는 없겠지만, 한·미·일 3자 협력에 대한 바이든 행정부의 외교·안보 의지와 전략은 점차 명확해지고 있다.

---

30 US Department of State, "Joint Statement on the US-Japan-Republic of Korea Trilateral Ministerial Meeting," Office of the Spokesperson, February 12, 2022.

미국의 한·미·일 3자 협력 추진과 한국의 정책 방향

한·미·일 3자 협력 추진에 대한 바이든 행정부의 의지는 인도-태평양 전략에서도 여실히 드러났다. 미 행정부의 안보전략은 국가안보전략(National Security Strategy), 국가방위전략(National Defense Strategy), 국가군사전략(National Military Strategy)의 순서로 발행된다. 인도-태평양 전략과 같은 지역 전략은 상기 문서의 내용을 기반으로 작성되는 것이 일반적이다. 그러나 최근 우크라이나 사태로 인해 미 전략문서의 발간 순서가 뒤섞인 것으로 예상할 수 있으며, 이러한 상황에서 인도-태평양 전략이 먼저 발행됐다.

바이든 행정부의 인도-태평양 전략은[31] "자유롭고 개방된 인도-태평양 전진(Advance A Free and Open Indo-Pacific)," "인도-태평양 안보 강화(Bolster Indo-Pacific Security)"를 포함한 5개의 목표를 제시했다. 그리고 이를 실행하기 위해 "10개의 핵심 노력선(ten core lines of effort)"으로 이뤄진 인도-태평양 행동계획(Indo-Pacific Action Plan)을 수립했다. 12개월에서 24개월 내 달성을 목표로 하는 이 행동계획의 6번째 노력선에는 "쿼드 이행(Deliver on the Quad)" 그리고 7번째 노력선에는 "미국-일본-한국의 협력 확대(Expand US-Japan-ROK Cooperation)"가 명시됐다.

위 7번째 노력선은 미국이 "북한에 대해 3자 채널을 통한 협력을 지속할 것(continue to cooperate closely through trilateral channels on the DPRK)"임을 적시했다. 인도-태평양 행동계획에 따라 10개의 핵심 노력선 중 '북한'을 명시한 곳은 '미국-일본-한국의 협력 확대' 노력선이 유일하다. 이는 미국이

---

[31] The White House, "Indo-Pacific Strategy of the United States," February 2022.

한·미·일 3자 협력을 기반으로 인도-태평양 전략 차원에서 대북정책을 구상할 것임을 나타냈다. 나아가 해당 노력선은 북한 대응을 비롯해 역내 안보 외에도 인프라, 공급망 등에서 한·미·일 협력이 중요하다고 명시했다.

한국과 일본은 이 7번째 노력선의 마지막 문장에 주목해야 한다. 바로 "우리는 앞으로 지역 전략을 더욱 '한·미·일' 3자의 맥락에서 조정할 것이다(Increasingly, we will seek to coordinate our regional strategies in a trilateral context)"라고 명시한 부분이다. 상술한 북한 문제에 관한 협력뿐 아니라 인프라와 공급망, 나아가 지역 전략을 한·미·일 차원에서 구상한다는 것이다. 이처럼 바이든 행정부는 인도-태평양 지역에서 쿼드와 같은 동맹 다자 협력과 한·미·일 3자 협력과 같은 동맹 네트워크를 강화해 역내 자유주의 국제질서를 재건하고자 한다. 그리고 이러한 목표를 달성하기 위해 미국은 한국과 일본의 3자 협력을 구체화하고, 이를 기반으로 인도-태평양 전략을 추진할 것이다.

상술한 바와 같이 인도-태평양 전략에서 바이든 행정부의 한·미·일 3자 협력 추동 의지는 점차 명확해지고 있다. 그렇다면 당사국인 한국과 일본의 인도-태평양 전략은 각각 어떻게 추진되고 있는가? 일본은 다자 협력인 쿼드(Quad)를 기반으로 인도-태평양 전략을 수립하는 것으로 보인다. 아베 신조(安倍晋三) 총리는 2006년 『아름다운 나라로』라는 책에서 "일본, 미국, 인도, 호주 4개국의 정상과 외교 장관 레벨에서 회의를 개최하고 전략적 관점에서부터 협의하는 것이 가능하다면 이것이 매우 훌륭하다고 생각"한다고 주장한 바 있다.[32] 이때부터 일본의 지역 전략의 중심에는 쿼드가 존재한다.

미국은 자국의 경제·군사력과 다자 협력인 쿼드와 한·미·일 3자 협력을

---

[32] 이하원, "일본이 주도한 '쿼드'… 영국 합류 '퀸텟'으로 확대?, 『주간조선』, 2021.03.22.

통해 인도-태평양에서의 자유주의 국제 질서를 재건한다는 명확한 목표가 있고, 일본은 쿼드 협력을 바탕으로 인도-태평양 지역에서 자국의 이익을 추구하고자 한다. 그러나 한국은 아직 명확한 인도-태평양 전략이 없다. 세계 10위 경제력을 갖춘 중견 국가로서 한국은 한·미동맹을 토대로 한국의 인도-태평양 전략을 구상할 만한 역량이 있다. 한·미동맹의 관점에서 봤을 때도 미국의 인도-태평양 전략에 대해 동맹인 한국의 전략을 수립해야 한다. 한·미 정상회담에서도 강조됐듯이 한·미동맹이 세계적이고 포괄적인 역할을 하기 위해서는 한국의 지역적 시각과 전략이 요구된다.

한·미·일 3자 협력이 한국의 안보와 한·미동맹에 어떠한 영향을 주는지를 파악하기 위해서는 역설적으로 한국의 인도-태평양 전략 구상이 필요하다. 한반도에서의 군사적 위협과 지역으로부터의 안보·경제적 위협을 복합적으로 고려한 한국만의 인도-태평양 전략을 수립해야 하는 것이다. 한국은 북한의 핵·미사일 시험 발사 등과 같은 전통 안보 차원의 위협과 기후 변화와 같은 비전통 안보 차원의 위협을 각각 상정해 이에 대한 단기적·장기적 대응 전략을 수립해야 한다. 이와 같은 전략이 수립된다면 인도-태평양 지역에서 한국의 역할과 한·미·일 3자 협력의 필요성을 타진할 수 있고, 나아가 미국의 인도-태평양 전략에 대해 동맹으로서 한국의 의견을 개진할 수 있다.

역내 자유주의 국제 질서를 재건한다는 바이든 행정부의 인도-태평양 전략의 핵심 동력은 한·미·일 3자 협력이다. 그리고 한·미·일 3자 협력의 가장 큰 도전 요인은 경색된 한·일 관계다. 한·일 관계 악화는 한·미·일 협력의 실패로 이어질 수밖에 없다. 이를 의식하듯, 바이든 행정부의 인도-태평양 전략은 "동맹과 파트너들이, 특히 일본과 한국, 그들 간의 유대 관계를 강화할 수 있도록 장려할 것이다(We will also encourage our allies and partners to strengthen their ties with one another, particularly Japan and the ROK)"라고 명시했다. 한·일 관계 개선이 미국의 인도-태평양 전략의 핵심인 한·미·일 3자 협력에 얼마나 중요한지를 보여주는 대목이다.

국가보다 상위 개념의 조직은 존재하지 않는다. 각 국가는 세계라는 유한한 시장에서 자국의 국익을 극대화하기 위해 경쟁할 것이라는 현실주의자 케네스 왈츠(Kenneth N. Waltz)의 주장대로 한국 외교·안보의 목적은 국익과 안보의 극대화(maximization of national interest and security)다. 윤석열 정부 출범 후 열린 한·미 정상회담에서 양 정상은 한·미동맹을 글로벌 포괄적 전략동맹으로 발전시키기로 합의했다. 이는 인도-태평양 지역에서 한국의 역할 확장을 함의한다. 한국의 안보와 한·미동맹 발전을 위해 한·미·일 3자 협력이 필요하다면 한국은 여기서 주도적인 역할을 해야 한다. 그리고 이러한 판단을 하기 위해 한국은 인도-태평양 전략을 구상하고 여기에서 발생하는 국가적 손익을 구체적으로 추정해 봐야 한다. 한·미동맹을 기반으로 한국의 인도-태평양 전략을 구상해야 하는 시점이 점점 다가오고 있다.

힘의 변화에 따른 중국의 대일본관 변화

이창주

중국의 대일본관을 움직이는 원리

중국과 일본, 두 국가의 관계를 하나의 변수로 설명할 수 없다. 그러나 크게 정리해 보면 시간과 공간 이슈로 정리가 가능하다.

첫째, 시간의 문제다. 청일전쟁, 러일전쟁을 거쳐 중일전쟁 시기, 그리고 중국이 일본군에게 겪은 난징(南京)대학살 등은 역사 문제, 즉 시간 영역의 문제다.

둘째, 공간의 문제다. 일본은 환태평양 지역에 위치한 해양대국으로서 대륙 진출을 지향하고 있고, 중국은 유라시아 지역에 위치한 대륙강국으로서 해양 진출을 지향하고 있다. 해양대국과 대륙강국 사이에 위치한 센카쿠(尖閣)/댜오위다오(釣漁島), 타이완(臺灣), 남중국해 문제는 바로 지정학 이슈, 즉 공간 영역의 문제다. 중국은 이렇듯 시간과 공간에 걸친 이슈로 그 관계의 부침(浮沈)을 경험하고 있다.

중국과 일본의 관계가 이렇듯 시간과 공간의 입체적인 난제에 봉착해 있다면, 이런 입체적 관계의 추를 움직여 균형의 방향을 결정하는 것에는 크게 두 가지로 바라볼 수 있겠다. 하나는 경제 영역이고, 다른 하나는 국제정치 영역이다. 경제 영역을 먼저 살펴보면, 중국이 2010년을 기점으로 일본의 경제 규모를 앞지르기 시작했다는 것을 상기해 보면 좋겠다. 그리고 제2의 경제대국 타이틀을 차지한 중국이 그 시기쯤 일본에 대한 목소리에 변화를 두기 시작했던 것도 우연은 아니다.

다음으로 국제정치 영역을 살펴보면, 중국의 성장은 일본만의 문제가 아니라 바로 미·중 관계라는 국제 구조와 연결된다는 것을 함께 살펴봐야 한다. 2001년 9월 11일, 미국 뉴욕에서 발생한 9·11 테러사건 이후 중동 이슈에 집중했던 미국, 그러나 2009년 취임한 오바마(Barack H. Obama) 대통령은 아시아 중시 정책(Pivot to Asia)을 천명하며 동맹국과 함께 대중 압박 정책을 심화시켰다. 이후, 트럼프(Donald J. Trump) 행정부는 인도-태평양 전략, 쿼드(Quad: 미국, 일본, 호주, 인도) 등을 발표하며 본격적인 미·중 전략 경쟁 시기를 맞았고, 바이든 행정부도 기존의 인도-태평양전략, 쿼드에 이어 대중 군사동맹 성격의 오커스(AUKUS)까지 결성하는 모습을 보이기도 했다. 일본은 2017년에 '자유롭고 개방된 인도-태평양(FIOP)'을 토대로 중국을 배제하지 않는 전제에서 미국의 전략에 참여하고 있다.

중국 경제가 급격한 발전을 이룰수록 그 영향력과 발언권은 확대됐고, 일본은 딜레마에 빠진다. 중국이라는 시장에 안정적으로 진출하며 일본의 경제를 살려야 한다는 것, 그리고 시간과 공간 이슈에서 중국을 마주하고 있는 일본 내에 확산되는 '중국 위협론', 바로 이 둘 사이에서의 딜레마다. 미국이 군사안보 분야, 경제 분야를 포함한 포괄적인 형태의 대중 견제 노선을 운영하고 있다면, 일본은 사실상 이에 편승하면서도 "자유롭고 개방된"이라는 말을

꼭 넣어 중국을 배제하지 않고 있다는 주장을 내세우는 모순적인 모습을 보이는 것도 이런 딜레마와 무관하지 않다.

중·일 관계는 이렇듯 시간 이슈(역사 문제), 공간 이슈(지정학적 문제)에 걸쳐 관계를 맺고 있을 뿐만 아니라 경제 영역과 국제정치 영역에 따라 그 힘의 균형이 좌지우지되는 상황을 경험하고 있다. 중국은 일본을 어떻게 바라보고 있을까. 반대로, 제2의 세계 경제대국이라는 국제 지위를 중국에 양보할 수밖에 없었던 일본, 시진핑(習近平)이라는 리더의 장기 집권을 앞둔 중국을 마주하는 일본은 중국을 어떻게 바라보고 있을까.

이 글에서는 중국과 일본의 관계를 '힘의 역전'이라는 주제로 다뤄보려 한다. 그리고 중·일 간의 이런 힘의 역전, 국제정치학에서 말하는 세력 전이(勢力轉移, power transition)를 부정할 수만은 없는 현 시점에서 중·일 관계의 과거, 현재를 살펴보고자 한다.

・・●●●●・・

중국과 일본의 지정학적 관계

해양을 꿈꾸는 대륙강국, 중국
대륙을 꿈꾸는 해양대국, 일본

다음 그림은 중국과 일본의 지정학적 관계를 가장 잘 보여준 자료다. 중국은 일단 유라시아에 위치한 대륙국가다. 14개의 국가와 육로로 마주하고 있고, 8개의 국가와 해상으로 마주하고 있다. 중국의 해역은 1.8만km로 북쪽에서 남쪽 순으로 보하이만(渤海灣), 황해, 동중국해, 양안해협, 남중국해로 구

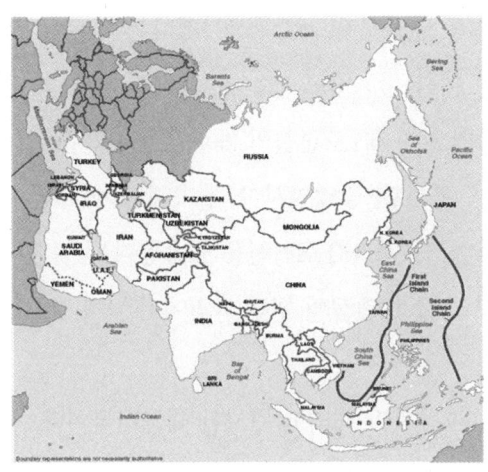

자료: Annual Report To Congress, Military Power of the People's Republic of China 2006.
도련선의 위치도

분이 가능하다. 중국은 이런 해역을 통해 태평양 진출을 모색하고 있는데, 이 진출 통로를 저지하는 핵심 국가가 일본이다. 이런 지정학적 상황을 잘 설명해 주고 있는 자료가 바로 이 그림이다.

이 그림에서 중요한 개념은 바로 도련선(島鏈線: Island Chain)이다. 도련선은 말 그대로 '섬을 연결한 선'이다. 도련선은 다시 제1도련선, 제2도련선으로 구분되는데, 제1도련선은 일본, 타이완, 필리핀, 말레이시아로 연결되는 섬 라인을 지칭하고, 제2도련선은 괌으로 연결되는 라인을 의미한다. 이 도련선 라인은 1985년 류화칭(劉華淸) 중국 인민해방군 해군 사령관이 중국 중앙정부에 '중국해군전략'을 주장하면서 제시한 군사전략 개념이었다. 현재도 중국은 당시의 군사전략 개념을 적용해 반접근·지역거부(A2/AD) 전략을 세워 제1도련선 내 미 해군의 접근을 저지하는 전략을 취하고 있다. 중국이 제1도련선 내 반접근 전략을 강화하고 중국의 해군 전략을 제2도련선, 나아가

인도-태평양 지역 등 원양전략으로 확장하겠다는 계획이 포함돼 있다.

미국은 거꾸로 이를 활용하고 있는데, 중국이 태평양 지역으로 확장하는 것을 저지하는 라인으로 제1도련선의 개념을 활용하고 있다. 다시 말해, 미국은 일본, 타이완, 필리핀, 말레이시아, 싱가포르, 베트남 등 역내 국가와 중국을 저지하는 라인으로서 제1도련선을 활용한다는 것이다. 중국의 전략이건, 미국의 전략이건 그 도련선의 핵심 라인에서 가장 중요한 국가는 바로 일본이다.

일본은 태평양의 동북아 해역에 위치한 해양대국이다. 일본이 19세기 말, 20세기 초에 유라시아로 진출했던 방향은 한반도와 타이완을 거점으로 한 중국 진출이었다. 일본은 한반도를 거점으로 중국 만주, 화북 지역, 그리고 러시아 시베리아로도 진출했고, 타이완을 거점으로 상하이(上海)를 비롯한 양쯔강(揚子江) 일대, 중국 남방 지역에 진출했다.

그러나 1945년 8월 15일, 제2차 세계대전에서 패망한 일본은 미국-소련 간의 냉전 시기를 거치면서 1980년대 나카소네 야스히로(中曽根康弘) 당시 수상의 방미를 기점으로 이른바 미국의 '불침항모(침몰하지 않는 항공모함)'를 자처하면서 당시 소련을 견제하는 거점으로서 자리매김했다. '불침항모론' 이래로 일본은 미국의 아태지역 전략에 편승하며 대(對)소련의 견제 거점, 현재는 대(對)중국 견제 거점으로서 제1도련선에 자리매김하고 있다. 일본은 경제협력 분야에서 중·러와의 관계를 계속 유지하는 한편 자국 주도의 아시아개발은행(ADB)과 함께 동남아와 남아시아, 심지어는 중앙아시아까지 경제 협력의 범위를 확장시켜 나갔다.

중국과 일본의 관계는 바로 이런 지정학적 관계를 토대로 그 관계의 부침(浮沈)을 살펴봐야 한다.

전후 특수 관계기(1972~95): 가르침 구한 중국, 손을 내민 일본

손기섭(2016)은 전후 중·일 관계를 4단계로 구분한다. 1단계(1945~1971년) 냉전적 미수교기, 2단계(1972~1995년) 전후적 특수관계기, 3단계(1996~2010년) 탈전후적 보통관계기, 4단계(2010~현재) 갈등적 세력전이기 등이다. 이 글에서는 중국과 일본의 전후 관계가 본격적으로 형성된 1972년 이후를 단계별로 정리해 보고자 한다.[33]

중국-일본의 수교는 중국-소련 관계, 중국-미국 관계에 기인한다. 중국의 마오쩌둥(毛澤東) 정권은 1953년 스탈린(Joseph Stalin)의 사망과 후르쇼프(Nikita S. Khrushchev)의 등장 이후 소련과의 관계에 갈등을 겪게 된다. 특히, 1956년 10월 헝가리 부다페스트에 소련군이 진입해 시민군을 진압하는 사태가 발생하면서 중국은 소련의 무력 개입에 대한 강한 불만을 품게 된다. 중·소 관계가 악화일로로 첨예해지자, 베트남전쟁의 출구 전략을 모색하던 미국은 소련을 견제하기 위해 중국에 접근한다. 이런 결과물로서 닉슨(Richard M. Nixon) 미 대통령은 1971년 7월 15일 중국 방문 계획을 발표했다. 이를 '닉슨 쇼크'라고 부르는데, 닉슨 쇼크는 중·일 관계의 분수령이 된다.

국제 정세의 대전환을 목전에 두고 일본은 급해졌다. 미국과 중국의 관계 개선은 일본에는 '위험한 기회'였다. 미국이 일본을 방기할 가능성은 없는지, 중국이 역사 문제를 들어 일본에 막대한 전쟁배상권을 요구하지는 않을지 등에 걸쳐 일본은 적극적인 외교전을 전개하게 된다.

1972년 7월, 다케이리 요시카쓰(竹入義勝) 공명당 위원장은 위의 상황을

---
33 손기섭, "아베 정권의 집단적 자위권 성립과 동북아.『국제정치연구』. 2016.

타진하기 위해 저우언라이(周恩來) 중국 총리와의 면담을 진행했다. 저우언라이 총리는 ① 중·일 국교정상화와 미·일안보조약의 양립이 가능하며, ② 중국이 일본에 대한 전쟁배상권을 포기한다는 점을 다케이리 요시카쓰에게 확인했다. 일본 다나카 가쿠에이(田中角榮) 총리는 중·일 간 국교 수립이 가능하다고 판단해 동년 9월에 직접 중국을 방문해 국교 정상화 실현과 관련한 '중·일/일·중 공동성명'에 서명했다.

중국이 일본에 대거 양보하는 형태로 수교가 진행됐고, 이후 일본의 정권 교체, 중국의 정변 등으로 지연됐다가 1978년에 덩샤오핑(鄧小平)의 참석하에 '중·일/일·중 평화우호조약'이 체결됐다. 평화우호조약을 계기로 무역, 항공, 해운 등의 주요 실무 협정을 체결하게 됐다. 중국이 전쟁배상권을 포기한 대신, 일본은 중국에 대한 엔차관 협력을 결정했다. 일본의 엔차관은 덩샤오핑의 중국 개혁개방 노선을 지원하며 철도, 항만, 도로, 공항, 통신, 에너지 등의 인프라 분야에 적극적으로 투자됐다. 중·일의 국교 수립이 경제 협력 심화로 이어진 것이다. 이를 '72체제'라 부른다.

1980년대는 중·일 관계의 밀월기였다. 소련이라는 공공의 적이 존재하는 상황에서 미국이 중국과 손잡으며 미·일+중국의 정상 간에 '데즈쿠리외교(手作り外交)'에 진전이 있었다. 미·일·중의 제휴가 강화되는 상황에서 나카소네 정권은 민간 경제 협력을 엔차관 중심의 정부 간 경제 협력으로 격상시키며 중국과의 경제 협력을 강화하고 있었다. 일본으로서도 중국의 원자재, 노동력, 시장에 접근하며 경제적 이익을 획득할 수 있었다.

1980년대의 일본은 막강한 제조업을 기반으로 제2의 세계대국으로서 기염을 토하고 있었다. 1985년, 미·일 간의 심각한 무역 불균형을 문제 삼은 미국이 '플라자 합의'를 통해 엔화의 가치가 2년 만에 2배 상승하던 상황에서

1991년 거품경제의 타격을 입던 시기까지 국제사회의 큰 손으로 자리매김하고 있었다. 중국 관계 역시 일본은 주고 중국은 받는 공여국-수여국의 관계가 굳건했다. 80년대에도 갈등이 없었던 것은 아니었다. 일본의 역사 문제와 관련해 1982년과 1986년에는 '역사교과서 왜곡 문제', 1985년에는 '야스쿠니 신사 참배 문제'가 쟁점이 된 적도 있으나 현재에 비하면 중국의 반향은 크지 않았다.[34]

중국의 상황은 녹록치 않았다. 덩샤오핑 시기에 들어 1978년 국내적으로 개혁개방 노선을 채택하고, 홍콩과 타이완 인근 도시를 경제특구로 지정했다. 국제적으로 미국, 일본 등과 국교 정상화에 성공했고, 일본으로부터 엔차관을 들여오던 시기였다. 그러나 재정적인 어려움은 여전히 피할 수 없는 시기였다.

덩샤오핑은 1978년 8월 일본을 방문하는 자리에서 "일본에 한 수 가르침을 받기 위해서 간다", "일본의 현대화가 무엇인지 잘 봤다"는 겸손한 태도를 보였다. 그가 제2차 세계대전 기간 일본군과 전투를 벌였던 경력과 함께 생각하면 파격적인 행보였다.

덩샤오핑은 마오쩌둥 시기 대약진운동, 문화대혁명 등의 고난을 겪으면서 중국의 현실을 직시했다. 덩샤오핑은 '흑묘백묘론(黑猫白猫論)'의 기치를 들고 온포(溫飽)사회(빈곤층 없는 사회), 소강(小康)사회(중산층을 두텁게 하는 사회), 대동(大同)사회(복지 수준이 높은 사회)를 건설한다는 장기 경제 건설 목표를 수립하기도 했다. 이를 실현하기 위해 일본에 배울 것은 배우고, 엔차관도 수용하며 중국의 경제를 설계해 나가자는 실용주의를 채택했다. 이런 당대 중국의 외교 원칙은 덩샤오핑의 24자 지침을 통해 이해할 수 있다.

---

34 손기섭, 고이즈미 내각기의 중일 '72년 체제'의 갈등과 전환. 『국제정치논총』, 제45집 4호. 2005.

> **덩샤오핑의 24자(字) 지시 사항**
>
> 냉정관찰(冷靜觀察), 참온각근(站穩脚筋), 침착응부(沈着應付),
> 도광양회(韜光養晦), 선우수졸(善于守拙), 절부당두(絶不當頭)
>
> 냉정한 관찰, 안정적 입지 확보, 침착한 대응,
> 능력을 갖추고 시기를 기다리며, 세태에 휩쓸리지 않는 우직함,
> 수장의 자리를 지양한다.

덩샤오핑은 이런 외교 방향을 토대로 일본과의 민감한 상황은 후대에 맡기는 '각치외교(擱置外交)'를 실행했다. 센카쿠/댜오위다오 문제가 그렇다. 덩샤오핑은 "우리 세대는 지혜가 부족해서 이 문제에 일치된 의견을 도출할 수 없다. 다음 세대는 우리보다 현명하니, 상호 간에 수용 가능한 방안을 찾아낼 것이다"[35]라는 말로써 민감한 현안은 뒤로 넘겼다. 이 문제는 10년, 20년, 30년이고 뒷세대에 넘길 수 있다는 말도 남겼는데 이는 중·일 간에 동상이몽의 해석을 가져왔다.

일본은 '실효 지배'의 개념에서 덩샤오핑의 발언을 해석할 수 있다. 실효 지배란 국제법 용어로서 한 국가가 영토 분쟁에서 해당 분쟁 지역을 실질적으로 점유하고 있는 것을 의미하며, 실효 지배 기간이 오래될수록 국제법 해석상 우위가 생기게 된다. 각치외교를 통해 뒷세대에 넘기자는 덩샤오핑의 말은 일본에는 호재였다. 센카쿠/댜오위다오에 대한 분쟁 리스크 관리만 잘하고, 중·일 관계를 개선해 가면 된다는 계산이다.

중국은 이를 다르게 해석할 여지가 있다. 덩샤오핑은 24자 지시 사항을 통해 '도광양회(韜光養晦)' 어두운 곳에서 칼을 갈며 때를 기다리라는 외교지침

---
35 인민일보(http://world.people.com.cn/n/2012/0920/c1002-19060242.html).

을 내린 바 있는데, 중국의 국제 지위나 경제 상황이 녹록치 않은 상황에서는 능력을 우선 기르고 센카쿠/댜오위다오에 대한 영유권은 추후에 논의하라 해석할 수도 있는 것이다.

일본과 중국은 1980년대 시한폭탄과 같은 불안한 밀월기를 이어가고 있었다. 미·일·중의 제휴, 일본(공여국)-중국(수여국)의 경제 협력, 도광양회를 외교지침으로 둔 중국 등 안정적일 것만 같던 동아시아의 구조는 1990년대에 들어 흔들리기 시작했다.

1989년 중국에서는 천안문 사태가 발생해 미국과 유럽 국가는 중국의 시장 지위를 박탈하고 제재를 가했다. 1991년에는 소련의 해체와 함께 냉전이 완전 종식되면서 글로벌 구조의 전환이 발생했다. 천안문 사태로 미·중 관계가 악화되고, 공공의 적이었던 소련의 해체로 기존의 미·일·중의 제휴는 막을 내린다. 중국은 이에 더해 1993년 10월, 94년 6월, 95년 5월 등에 걸친 핵실험을 감행했다. 무라야마 도미이치(村山富市) 총리는 중국에 대한 엔차관 무상원조를 지렛대 삼아 중국을 압박했으나, 동년 5월에 센카쿠/댜오위다오 해역 자원 탐사 실시, 동년 6월에는 2대의 중국 공군기가 해역에 접근하는 일이 발생하기도 했다. 1996년 3월 타이완 총통 직접선거 기간에 중국은 미사일 발사훈련 및 군사합동훈련을 전개했고, 동년 10월에는 동중국해 해역에서 군사훈련을 추가로 진행하기도 했다. 일본 정부는 중국의 이런 군사적 조치에 엔차관 동결이라는 압력을 진행했으나 1996년 7월 하순의 핵실험을 끝으로 포괄적 핵실험금지조약에 조인하며 엔차관 동결도 마무리됐다.[36]

1990년대 초중반 중국의 핵실험, 미사일 발사훈련, 군사훈련 등의 조치

---

[36] 양기웅·안정화, 일본 총리의 중국 및 중일관계 인식 변화(1990~2014): 소신 표명 연설의 분석. 『국제정치연구』, 제19집 2호. 2016.

는 일본 내 '중국 위협론'을 태동시키는 계기가 됐다. 일본 입장에서도 쉽지 않은 상황이었다. 1991년 소련의 해체로 미·일, 미·중, 중·일 관계의 재설정이 불가피했고, 1991년에는 일본의 거품경제가 일시에 꺼지면서 주식시장과 부동산시장의 혼란이 있었던 시기이기도 했다. 국제적으로는 걸프전쟁이 시작되면서 오일쇼크가 본격화되기도 했다. 혼란의 시기 속에 중국의 핵실험, 동중국해-남중국해 해역 내 군사행위는 일본에 위협으로 더 크게 다가올 수밖에 없었다.

1996년 4월, 클린턴(Bill Clinton) 미 대통령은 일본에 방문해 하시모토 류타로(橋本龍太郎) 총리와의 정상회담에서 '미·일 안전보장 공동선언'을 발표했다. 냉전 종식 이후에도 미·일 동맹을 확인하며 아시아-태평양 지역의 평화와 안정을 위해서 주일 미군을 전진 배치하고, 일본이 적절한 지원을 진행한다는 내용이 포함됐다. 1997년 9월, '미·일 신방위협력지침'에서는 앞선 공동선언에서 진일보해 '일본 주변 지역에서의 사태로 일본의 평화와 안전에 중대한 영향을 미칠 수 있는 경우'를 포함해, 미·일 양국이 수색구조 작전, 경제 제재 관련 선박 검문, 시설 사용, 후방지역 등에 일본의 지원을 명시했다.[37] 미·일동맹의 재설정은 중국에 타이완 문제, 센카쿠/댜오위다오 문제 등에서 위협으로 다가올 수 있는 이슈였기에 기존의 '72체제'를 뒤흔드는 하나의 발화점이 됐다.

••••••

탈전후적 보통관계기(1996~2010): 굴기하는 중국, 견제하는 일본

1996년까지 중국의 핵실험, 미사일 발사 훈련 등이 안보 분야에서 중·일

---

[37] 손기섭, 고이즈미 내각기의 중일 '72년 체제'의 갈등과 전환. 『국제정치논총』, 제45집 4호. 2005.

관계의 갈등을 고조했다면, 1997년 아시아 외환 위기는 경제 분야에서 일본 내 위기감을 불러일으켰다. 1990년대 초반 덩샤오핑의 남순 강화(南巡講話) 이후 개혁개방에 대한 의지를 확인한 자본은 중국에 대한 투자의 폭을 늘려 갔고 이에 중국 경제는 빠르게 성장해 나갔다. 그러나 일본 경제는 상대적으로 발전이 지체되는 모습을 보였다.

실제로 세계은행 자료(2020년) 기준, 1990년 일본의 GDP는 3.122조 달러, 중국은 3,609억 달러로 약 8.65배의 차이를 보였는데, 중국이 세계무역기구(WTO)에 가입한 2001년에는 일본이 4.304조 달러, 중국이 1.339조 달러, 2010년에는 일본이 5.7조 달러, 중국이 6.087조 달러로 경제 규모가 역전됐으며, 2019년에는 일본이 5.05조 달러, 중국이 14.28조 달러로 중국의 경제 규모가 일본보다 2.82배 커진 상황으로 전개되고 있다. 경제 영역이라는 추가 점차 일본에서 중국으로 그 무게를 이동시키자 중·일 간에 잠재됐던 역사 문제(시간)와 지정학적 문제(공간)가 서서히 격화되기 시작했다.

2005년 4월, 중국 각 지역에서 발생한 반일 시위는 잠재돼 있던 중·일 간의 종합적 갈등이 노정된 것이라 볼 수 있다. ① [역사 문제] 고이즈미 준이치로(小泉純一郎) 총리가 2001~2006년 사이 A급 전범이 합사된 야스쿠니 신사에 참배하면서 역사 문제가 크게 대두됐으며, ② [역사 문제] 일본의 역사교과서 왜곡 문제, ③ [지정학] 2004년 3월 '댜오위다오 보호연합회' 회원 7인이 센카쿠/댜오위다오의 중국 영유권을 주장하며 우오쓰리시마(魚釣島)에 상륙했다가 체포, 추방당하는 사건 발생, ④ [지정학] 중국 당국은 2003년 8월부터 중·일 중간수역에 위치한 춘효, 단교 천연가스 필드를 개발 중이라 발표, 2005년 4월 일본 정부가 이 지역의 시굴권을 민간개발업자에 부여한다고 결정, ⑤ [국제 관계] 2004년 12월 일본 방위계획대강 및 2005년 방위백서에서 중국의 경제적 급성장과 방위비 증대 및 핵 능력은 일본에 위험이라 명기하고, 미·일 안보 협의가 그 방위 범위를 타이완까지 포함시킨 일(이 사안으로 중국은 2005년 3월 14일 「반분열국가법」을 제정함으로써 타이완 독립 반대를 국내법으로 제정했다), ⑥ [국제 관계] 일본의 UN 상임이사국 진출에 대한 중국 내 반감 표출 등이 종합된 것이다.

일본은 3주간 베이징(北京), 상하이(上海)를 포함한 중국 전역에서 발생한 반일 시위에 반발하며 피해 보상 및 사과를 중국 측에 요구했다. 중국은 오히려 일본의 역사관이나 센카쿠/댜오위다오, 타이완 이슈 등에 반론을 제기했고, 이에 일본은 2008년 시한으로 대중 엔차관 협력을 중단한다고 통보하기에 이른다. 일본은 실제로 2006년에 신규 무상원조를 중단하고, 2007년에는 신규 유상원조를 중단한다. 대신, 대기오염, 식품안전기술 등 일본 국민들에게 영향을 미칠 수 있는 분야에 대한 중국 원조는 이어나갔다. 공여국-수여국의 관계도 점차 완화되기 시작한 셈이다.

2005년은 공교롭게도 경제적으로도 중·일 관계에 중요한 해이기도 했다. 세계은행(2005) 자료에 따르면, 물가를 반영한 구매력 평가(Purchasing Power Parity: PPP) 기준 GDP으로 중국(5조 3,332억 달러)의 전 세계에서 차지하는 비중이 9.7%에 달하고, 일본(3조 8,703억 달러)의 비중이 7.04%를 차지함으로써 경제 역전이 발생한 해이기도 한 것이다. 일본의 경제 규모가 조만간 중국의 경제에 추월당한다는 것은 기정 사실이었고, 제2의 경제대국이라는 지위와 함께 동아시아 내 새로운 강국의 등장에 대해 일본은 '중국 위협론'에 무게를 더 실을 수밖에 없었다.

2006년 9월, 아베 신조(安倍晋三) 수상 1기 정권이 시작했다. 아베에게 막강한 영향을 미친 이는 그의 외조부로 1957년 일본 총리를 지낸 기시 노부

스케(岸信介)다. 아베는 외조부의 신념인 미·일안전보장조약 개정(1960년), 평화헌법 개헌 노선을 그대로 이어받았고, 그의 전임인 고이즈미 준이치로(小泉純一郎) 총리의 영향을 받아 개헌 노선, 야스쿠니 신사 참배, 역사교과서 왜곡 등을 이어나갔다. 특히, 제2차 세계대전에 패한 뒤 미군에 의해 개정된 평화헌법의 개헌을 통해 자국을 보호하는 자위대의 보유를 넘어서 동맹국의 공격에 대응할 수 있는 집단자위권을 가진 국가, 더 나아가 스스로의 군을 보유할 수 있는 이른바 '보통국가'를 추구하게 된다. 이런 기조는 비단 2006~2007년의 1기 정권(90대 총리)뿐만 아니라, 2012.12에서 승리해 제96, 97, 98대 3연임에 성공하며 주변국과의 마찰을 이어 왔다. 아베는 전임 고이즈미 정권에서 관방부 장관을 지내며 일본인 북한 납치 문제, 북한 미사일 발사 문제 등에 기민한 움직임을 보이며 총리직의 정치적 토대를 만들었으며, 그 이후에 공산권 국가인 중국을 견제하기 위해 미·일동맹을 적극적으로 활용하며 평화헌법 개헌을 추구하는 노선을 견지하게 된다.

아베 1기 정권이 시작된 2006년 가을에 아베 정권의 아소 다로(麻生太郎) 외교부 장관은 '자유와 번영의 호(Arc of Freedom and Prosperity)'라는 개념을 발표하게 된다. 일본은 그동안 일본 주도의 다자개발은행인 아시아개발은행(ADB)을 통해 동남아시아, 남아시아, 중앙아시아 등에 개발 지원 및 빈곤 퇴치 등의 펀드를 제공해 왔는데, 일본이 직접 일본에서 시작해 동남아-남아시아-중앙아시아를 연결하는 경제 연계 전략을 선언한 것이다.

미국은 당시 부시(George W. Bush) 정권으로 테러와의 전념한 상황이었고, 발트, 발칸, 흑해 연안, 코카서스, 중동, 중앙아시아 지역을 비민주적이고 불안정한 국가로 명명해 '불안정의 호(Arc of Instability)'로 불렀는데, 일본이 용어를 역으로 활용해 시장경제, 민주주의 법치, 인권, 자유 등의 가

치가 연결하는 '자유와 번영의 호'
를 건설하겠다고 발표한 것이다.

옆의 그림처럼, 일본은 '자유
와 번영의 호'를 미·일동맹 강화와
UN 지원을 전제로 발표했는데, 여
기에는 실제로 한국, 중국, 러시아
를 포함하지 않음으로써 이웃국가
를 사실상 견제하는 압박의 카드로

일본 외무성에 표시된 '자유와 번영의 호'

작용하기도 했다.[38] 중·일 관계의 관점에서 보면, 일본이 미·일동맹 카드로
중국을 견제하는 '지정학적' 견제 전략이라 볼 수 있다. '자유와 번영의 호'를
지정학적 전략의 관점에서 본다면, 앞의 그림에서 설명한 '제1도련선'의 범
위를 동남아, 남아시아, 중앙아시아로 확장시키고자 하는 것으로 해석이 가
능하다. 아베 신조를 포함한 일본 지도부는 '자유와 번영의 호'가 배타적 의
미를 가지고 있고, 우즈베키스탄을 포함한 연선 국가들을 자극할 수 있다는
의견을 내며 실제 프로젝트는 유지하되 그 명칭은 사용하지 않았다.[39] 2007
년, 아베 신조는 인도를 방문하는 자리에서 태평양과 인도양 두 해양을 연계
하는 '자유와 번영'을 기반으로 한 '인도-태평양' 라인 구축을 주장하는데, 이
는 '자유와 번영의 호'를 발전시킨 개념이라 할 수 있다.

이런 아베 신조의 전략적 움직임은 2009년에 시작한 오바마 미 정권의

---

[38] '자유와 번영의 호'에 관한 그림과 내용 인용은 일본 외무성 자료 참고. 일본 외무성 자료. "A New Pillar for Japanese Diplomacy: Creating an Arc of Freedom and Prosperity" (http://www.mofa.go.jp/policy/other/bluebook/2007/html/h1/h1_01.html).

[39] Kawato Akio, "What is Japan up to in Central Asia," in *Japan's Silk Road Diplomacy, Paving the Road Ahead*. Central Asia-Caucasus Institute Silk Road Studies Program. Christopher Len, Uyama Tomohiko, Hirose Tetsuya Editors. 2008.

'아시아 중시 전략(Pivot to Asia)'과 결을 함께하면서 대중 견제 노선으로 확대됐다. 오바마 정권의 '환태평양경제동반자협정(TPP)', 트럼프, 바이든 정부의 '인도-태평양 전략', 쿼드(Quad)와도 코드를 맞춘 전략적 토대가 됐다. 이에 대한 반작용으로서 중국이 추진하는 실크로드 전략, 일대일로(一帶一路)의 등장에도 영향을 미친다.

2008년, 중·일 관계를 흔든 또 하나의 변수가 발생했다. 바로, 미국발 세계 금융 위기다. 중국과 일본 양국 모두에게 미국과 유럽연합(EU)은 중요한 양대 시장이었는데 미국과 EU가 경제적으로 흔들리면서 무역 다원화가 국가적 과제가 된다. 중국은 금융 개방 정도가 낮은 상황에서 안정적 경제 성장을 이어나갈 수 있었는데, 일본은 '중국 위협론'과 함께 중국의 경제에 편승하며 일본 수출시장을 확보해야 하는 모순된 상황에 직면하게 된다.

2009년, 오바마 미 정권이 등장함과 동시에 중동에 집중하던 미국이 아태 지역에 그 외교적 중점(pivot)을 두게 되면서 미·중 관계를 중심으로 한 글로벌 구조가 형성됐다. 중국은 당시에 미·중 관계를 논의하면서 '핵심 이익'이라는 단어를 처음 쓰게 됐다. 공식적으로 이 용어를 쓴 사람은 다이빙궈(戴秉國) 국무위원이다. 다이빙궈는 2009년 7월, 미·중전략 및 경제 대화 회의에서 "중국의 제1 핵심 이익은 기본 제도와 국가 안보를 위호(衛護)하는 것이고, 다음은 국가 주권과 영토 보존, 제3은 경제사회의 지속적이고 안정된 발전"이라고 말했다.

문제는 중국이 말한 '핵심 이익'의 영토는 어디를 지칭하는 것인가인데, 2011년 1월 후진타오(胡錦濤) 당시 중국 국가주석이 방미 일정에서 타이완, 신장위구르자치구, 티벳 등은 중국의 국가 핵심 이익이라고 정식으로 언급한 바 있다. 중국 당국이 남중국해, 센카쿠/댜오위다오가 핵심 이익으로 규정했는지에 대한 주장이 난무한데, 2010년 11월 힐러리 클린턴(Hillary R. Clinton) 전 국무부 장관은 중국이 남중국해를 핵심 이익으로 말한 바 있다고 호주 매체 인터뷰에서 밝힌 바 있으며, 2012년 일본 매체들은 중국 국방부 소속의 중국국제전략학회 학자가 최근 센카쿠/댜오위다오를 중국의 핵심 이익이라 주장했다는 보도를 한 바 있다. 중국 당국은 남중국해, 동중국해 해역 및 관련 도서가 중국의 해역이자 영토임을 주장하면서도 '핵심 이익'이라는 단어를 명확히 쓴 바 없다. 그럼에도 불구하고 이런 논쟁이 있었다는 것은 그만큼 중국이 군사력과 경제력 같은 하드파워를 지렛대 삼아 주변국에 영향을 미칠 수 있다는 '중국 위협론'이 근저에 있다는 것을 의미하기도 한다.[40]

중국의 경제력이 상승하면서 중국의 민족주의도 정비례해 고개를 들게 되는데, 이런 분위기를 타고 중·일 관계에 센카쿠/댜오위다오 문제, 역사 문제 등 수면 아래에 잠재했던 이슈들이 급부상하게 된다.

●●●●●●●

갈등적 세력전이기(2010~현재): 소리 내는 중국, 딜레마에 빠진 일본

2008년 세계 금융 위기를 선방한 중국, 그리고 아태 지역으로 돌아왔다는 미국 사이에서 일본은 2010년 중·일 관계의 대전환점을 경험하게 된다. 2010년 중국 명목 GDP는 6.087조 달러로 동년 일본의 5.7조 달러를 초과하며 제2의 세계 경제대국이자 동아시아 최대 경제대국이 된다. 그동안 일본이 우려했던 거대한 중국의 등장으로 일본은 미·일동맹의 강화와 함께 일본 평

---

[40] 칭화대 저널(http://qjip.tsinghuajournals.com/article/2021/2096-1545/101393D-2021-3-104.shtml?fbclid=IwAR0QGzmaOWzBBBAc2MN9oAfEXyIH1DAqe9rGtLSsaszkn66fHprpfFZmNeI).

화헌법 수정 논의에 가속화를 보인다. 그러나 일본뿐만 아니라 인류의 입장에서도 비극적인 사건이 발생했다. 2011년 3월 11일 동일본대지진으로 인해 일본에 큰 인적 피해를 초래했을 뿐만 아니라 후쿠시마 원전 폭발사고도 터지면서 경제 영역의 추는 중국 쪽으로 기울게 된다. 이 무렵 중·일 관계를 뒤바꿀 사건이 발생한다.

2010년 9월 7일, 센카쿠/댜오위다오 해역에서 중국 어선이 불법 조업으로 일본 해상보안청 순시선에 강하게 충돌하는 사건이 발생했다. 일본 순시선에 강하게 저항한 중국 어선의 선장은 공무 집행 방해 혐의로 체포된다. 당시 일본은 간 나오토(菅直人) 총리 체제에서 대중 강경 노선이 강세였고, 일본 내에서도 중국 위협론이 형성된 상황에서 외교 분쟁으로 비화되는 것을 막기 위한 조치보다는 일본 형사 절차로 조치했다. 이에, 중국 정부는 주중 일본 대사를 다섯 차례에 걸쳐 초치해 항의했으며, 결국 희토류의 대일 수출 금지 및 4명의 일본인 종합상사 직원을 연금하는 대일 보복 조치를 감행하게 된다. 일본은 결국 24일 "일·중 관계 고려"라는 이유로 선장을 석방하고 다음날 중국으로 강제 퇴거 조치한다.

2012년 9월 10일, 일본 정부는 센카쿠/댜오위다오 국유화를 정식으로 선언했다. 이시하라 신타로(石原愼太郞) 도쿄도 지사가 동년 4월 도쿄도에 의한 '센카쿠제도 영입' 방침을 주장하며 정치적 입지를 다지려 한 것에 기인한 문제였다. 2010년 경제 보복을 경험했던 일본 국내 여론도 이에 비등했다. 특기할 점은 후진타오 중국 국가주석이 9월 9일 노다 요시히코(野田佳彦) 총리와의 미팅에서 센카쿠/댜오위다오 국유화 조치를 취하면 중대한 사태가 초래될 것이라 경고한 바 있는데, 바로 그 다음 날 일본 정부가 국유화를 발표

하면서 중국 내 반일 감정이 격화됐다.[41]

베이징, 상하이를 포함한 중국 전역에서 대규모의 반일 시위가 조직적으로 발생했다. 일본에 관련된 모든 것, 일본 공장, 자동차를 포함한 상품, 일본 사람들까지도 무차별 공격의 대상이 됐다. 중국이 시위에 대한 엄격한 통제가 가능하다는 것을 고려할 때 관방의 지원이 있는 것 아니냐는 의심도 분명 있었다. 중·일 양국 간 경제력의 역전과 함께 중국의 발언권은 점차 강해졌다.

중·일 간의 교류는 상당 기간 동안 단절됐다. 2011년 12월 노다 요시히코 일본 민주당 수상이 중국을 방문한 이래, 한·중·일 정상회담도 2012년 5월 이후로 중단됐다. 이후 취임한 일본 아베 신조 총리는 '국가 수호' 의지를 피력하며 대중 강경 노선을 택했고, 2012년 11월 중국 공산당의 리더로 등장한 시진핑은 대일 공세 전면전에 나서며 일본 군국주의가 자행한 난징대학살에

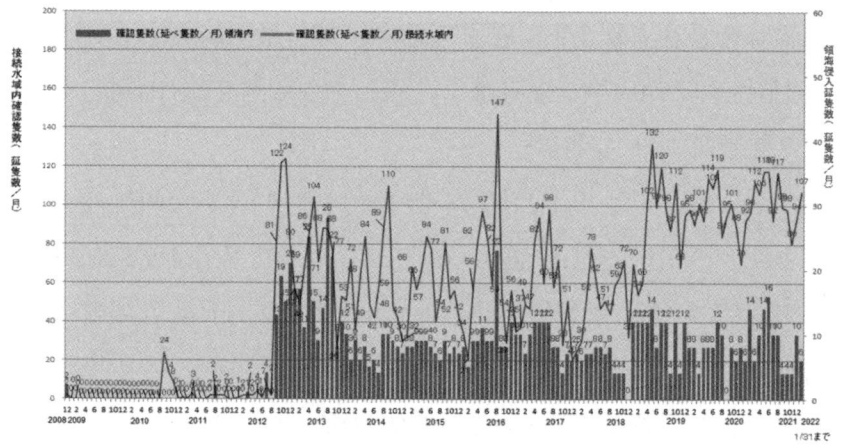

자료: 일본해상보안청(https://www.kaiho.mlit.go.jp/mission/senkaku.html).

센카쿠제도 주변 해역에서 중국 선박의 동향과 일본의 대처

---

41 신정화, 일본의 센카쿠열도 정책의 내용과 변화: 현상 유지에서 전략적 대응으로, 『일본연구논총』, 2017. 제46호.

서 희생당한 30만 명의 희생자들을 언급하며 역사 문제를 전면에 세웠다.[42]

일본해상보안청이 공개한 앞의 그림은 센카쿠/댜오위다오의 영해(막대그래프)와 EEZ(선그래프)에 중국 선박이 진입한 수를 표시한 것이다. 그래프를 보면, 2012년에 들어서 중국 어선이 폭발적으로 많이 관련 해역에 진입했던 것을 확인할 수 있다. 이는 센카쿠/댜오위다오의 국유화와 밀접한 관련이 있음을 이해할 수 있다. 또한, 막대그래프의 높이만큼 중·일 관계가 악화되고 있다는 것을 알 수 있다. 센카쿠/댜오위다오 문제가 격화되자 2014년 4월 24일 도쿄를 방문한 오바마 미 대통령은 아베 총리와 미·일안보조약 내 '센카쿠/댜오위다오'도 적용 대상임을 밝혔고, 아베 총리는 동중국해와 남중국해 지역까지 영향력을 확장하는 중국이 현상 변경국이라며 일본의 외교력 강화와 방위 체제 구축을 주장하기에 이른다.

중·일 관계의 악화 속에서 일본은 오랜 디플레이션 상황을 타개하기 위해서라도 결국 커져 가는 중국의 시장을 간과할 수는 없었다. 중·일 관계 개선을 위한 마중물로서 일본은 전향적인 조치를 우선 취하게 된다. 2015년 7월, 미쓰비시(三菱) 일본 기업이 제2차 세계대전 기간에 강제 노역을 한 3,765명의 중국인들에게 사과하고, 1인당 10만 위안(당시 기준 1,870만 원)을 지급하기로 결정한 것이다. 같은 시기, 미쓰비시 측이 한국인 강제징용 피해자들에게는 '법적인 상황이 다르다'며 책임을 회피했던 것과는 정반대의 모습이었다.[43] 이런 미쓰비시의 조치는 분명 중국 시장 내 이미지를 개선하기 위함이었다.

2016년 4월, 기시다 후미오(岸田文雄) 일본 외상은 왕이(王毅) 중국 외교부 부장과 4년 만에 회담 자리를 가졌다. 왕이 외교부장은 양국 관계 개선을

---

42 서승원, 시진핑과 아베신조의 중일 관계: 군사·안보적 고려, 지정학적 환원주의, 그리고 민족주의 게임. 『일본연구논총』, 제39호. 2013.
43 한국일보(https://www.hankookilbo.com/News/Read/201507241643929348).

위해 '4개 기본문서의 준수, 중국 위협론 확산 금지, 경제 교류의 상생 협력, 일본의 대(對)중국 대결 의식 포기' 등을 제시했다.44 이런 외교적 노력 끝에 2018년 10월 25일 아베 총리는 기업인 포함 500명을 대동해 7년 만에 방중했다. 아베 총리는 중국의 일대일로를 지지하는 한편 일본 기업과 함께 제3국 시장 진출 협력 방안을 논의했고, 통화 스와프도 약 30조 원 규모로 확대해 재개하기로 결정하는 등 중·일 관계의 전환을 통한 일본 경제 진작을 도모했다.

아베 총리의 당시 방중과 일대일로 제3국 협력 등에 대한 의사는 여러 가지로 해석이 나오고 있다. 먼저, 트럼프 미 정권이 '미국우선정책'을 내세우면서 미·중 간의 무역 갈등뿐만 아니라 동맹국인 일본과의 무역 마찰도 불사하면서 일본이 중국과 경제적으로 접근할 수밖에 없는 공간이 형성됐다는 것이다.

다음으로, 2018년 10월 26일 아베 총리가 리커창(李克强) 중국 총리와 회담하는 과정에서 기존에 일본이 중국에 제공한 공적개발원조(ODA)를 중단하고 이를 중·일 개발 협력 대화의 새로운 메커니즘으로 활용하자고 제안한 것이다. 일본은 중국의 개혁개방 노선 채택부터 2018년까지 40년 동안 중국에 엔차관을 제공해 왔다. 물론 2006년에 무상 엔차관, 2007년에 새로운 유상원조는 중지했다. 그 이유는 2005년에 중국 내 대규모로 발생한 반일 시위와 관련된 것이다. 그러나 일본은 자국민에게도 직접 영향을 줄 수 있는 대기오염, 식품안전, 지방의 초등학교, 병원시설 등 공공시설 건설에는 지속적인 ODA를 제공했다. 아베 총리는 중국이 이미 제2의 경제대국으로 안정적으로 자리 잡았다는 점을 강조하며 일본의 ODA를 중단하겠다고 말한 것이다.

일본은 40년 간의 대중(對中) 엔차관, ODA를 중단하겠다고 발언하면서

---

44 연상모, 시진핑 시기 중국 정책조언자들의 대일본 인식 변화. 『국가와 정치』, 제27집 2호. 2021.

제안한 것이 일대일로 제3국 협력이다. 중국이 일대일로 전략을 통해 유라시아 빈곤국가에도 진출하니 거기에 일본의 기존 ODA를 제공하고 일본 기업이 중국과 협력하며 개발시장에 참여하겠다는 것이다. 아베 총리는 여기에 '자유롭고 개방된 인도-태평양 전략'은 중국의 일대일로와의 협력을 배제하지 않는다며 대중 ODA 협력 중단, 제3국에서 전개되는 일대일로 사업에 일본 기업 진출을 하나로 묶어내며 일본의 경제 이익을 도모하고자 한 것이다.[45] 여기에 중국 내 일본 이미지를 끌어올려 일본 상품의 중국 시장 진출도 고려했을 것이다. 그러나 2020년 답방하기로 했던 시진핑 중국 국가주석은 코로나19로 인해 끝내 방문을 무기한 연기하게 된다.

일본에 중국은 무엇일까. 제2의 경제대국의 지위를 빼앗은 중국, 그리고 미국의 GDP까지 가파르게 추격하는 중국. 경제 영역의 추가 중국에 기울어질수록 램프에 넣어둔 민족주의라는 거인(역사 문제, 영토 문제 등)은 깨어난다. 중국 위협론이다. 그러나 일본의 경제를 회생시키려면 중국 시장의 진출은 불가피하다. 그래서 일본은 미·일동맹을 강화하면서도 중국 시장의 문을 두드린다. 미국과 협력하며 인도-태평양 전략을 하지만, "자유롭고 개방된"이라는 수식어는 붙인다. 환태평양경제동반자협정(TPP)에 미국을 포함시키며 중국을 견제해야 하지만, 역내 포괄적 경제동반자협정(RCEP)에서 중국과 경제 협력은 진행한다. 이렇듯 일본은 '중국 위협론'과 '중국 시장 진출'이라는 딜레마 속에서 중국을 바라본다.

---

[45] 니케이신문(https://cn.nikkei.com/politicsaeconomy/politicsasociety/32753-2018-10-25-05-00-30.html?fbclid=IwAR0NkhGXhxd1qTM9vbyi7e1ScX8_xl9EdL7cRgnXxB9nZJ4EI1YB3IN4yfg).

중국이 바라보는 일본관

　중국이 바라보는 일본관은 그 시기별로 분리해서 바라볼 필요는 있다. 1970년대의 중국과 현재의 중국은 현격한 차이가 있기 때문이다. 그럼에도 불구하고 관통하는 것은 일본이 전범국가(戰犯國家)라는 사실, 그리고 미·일동맹을 통해 중국을 견제하려 한다는 사실 등으로 일본을 바라보고 있다는 것이다. 1970년대의 중국은 이를 묵인했고, 현재의 중국은 이를 노골적으로 비판하고 있다는 것이 차이다.

　중국과 일본 사이에 경제력이 역전되면서, 다시 말해 중국의 경제력이 상승할수록 중국의 민족주의 성향은 강화되고 있다. 역사 문제, 미·일동맹, 센카쿠/댜오위다오 문제, 남중국해 문제, 타이완 문제 등, 덩샤오핑이 '각치외교'라는 이름으로 묻어둔 중·일 갈등이 중국의 경제력 상승과 함께 수면 위로 떠오르고 있다. 중국의 반일 감정은 중국 대규모 반일 시위로 양국 경제 교류뿐만 아니라 민간 교류까지 직접적인 영향을 미칠 정도로 격화되기도 했다.

　이런 종합적인 관점에서 중국의 대(對)일본관을 간략히 정리하면 다음과 같다.

　첫째, 역사 문제다. 중국에서 TV 채널을 보면 반일 감정을 드러내는 역사 드라마나 다큐를 많이 방영한다는 사실을 깨닫는다. 일본의 역사적 침략과 학살을 기억하고자 하는 교육적 의미도 있지만, 중국 공산당이 일본을 포함한 열강과의 전쟁, 국공내전을 통해 중화인민공화국을 수립했다는 중국 헌법 서언을 생각하면 정치적 의미가 짙다는 것을 알 수 있다. 역사 이슈에서 일본이 난징대학살을 부정하고 역사교과서를 왜곡한다는 것은 중국의 국민 감정을 격화시키게 되고, 이는 중국 공산당의 역할을 더 부각시키는 것으로 연결된다. 중국의 국내 정치까지 겹치면서 중국에 일본은 극복의 대상이다.

둘째, 국제정세 문제다. 군사안보 분야와 경제 분야의 관점에서 일본은 중국이 흔들어 볼 만한 존재다. 앞서 언급한 대로, 2016년 4월, 왕이 중국 외교부 부장은 기시다 후미오 일본 외상과의 회담에서 '중국 위협론 확산 금지, 경제 교류 상생 협력, 대결 의식 포기' 등을 양국 관계 개선 전제로 내세웠다. 중국은 일본이 '중국 위협론'을 토대로 미·중 관계를 이간질한다는 인식이 존재한다. 또한, 중국 당국은 일본이 제1도련선에 위치한 해양국으로서 센카쿠/댜오위다오, 타이완, 남중국해 문제에 미국을 끌어들여 중국과 대결하려 한다는 인식을 갖고 있다. 시진핑 정권의 중국은 이런 일본을 흔들어 볼 만한 존재로 인식하는 모습을 보인다.

대표적인 예를 살펴보면 다음과 같다. 기시다 후미오 정권이 중국과의 관계 개선을 취할 것이라는 예측이 회자되는 시점, 2021년 12월 1일, 아베 신조 전 일본 총리는 대만 측 학술회에서 "타이완에 대한 무력 침공은 지리적·공간적으로 반드시 일본 국토에 대한 중대한 위험을 일으키며, 시진핑 주석은 결코 오인해서는 안 됩니다. 군사적 모험은 경제적 자살로 가는 길"이라고 발언했다. 중국 정부는 즉각 일본 대사를 초치해 강력 항의했을 뿐만 아니라, 왕원빈(汪文斌) 중국 외교부 대변인은 "누구든 감히 과거 군국주의의 길을 다시 걸으면서 중국인의 마지노선에 도전한다면, 반드시 머리가 깨져 피를 흘리게 될 것입니다"라고 발언했다.[46] 이는 외교적으로 매우 이례적인 표현이다.

셋째, 경제 교류 이슈다. 일본의 대(對) 중국 엔차관을 둘러싼 인식이다. 중

---

46 YTN(https://www.youtube.com/watch?v=47koY6BxFp8).

국이 개혁개방 노선을 결정한 뒤로 중국 경제 견인차 역할을 했던 것은 화교 자본과 함께 일본의 엔차관도 있었다. 물론, 중국이 일본의 전쟁배상금을 포기했던 것도 있지만, 중국의 학계에서도 보편적으로 일본 엔차관의 긍정적 역할을 부정하지는 않는다.

다만, 아베 총리가 방중하기 전 2016년 10월 23일 당시 일본 외교상인 고노 타로(河野太郎)는 "중국의 경제 수준을 고려해 대중 ODA를 계속 제공할 필요는 없다"고 말했고, 이에 화춘잉(華春瑩) 중국 외교부 대변인은 "일본의 대중 관방 자금 협력은 중국 개혁개방과 경제 건설에 적극적인 역할을 했지만, 일본 역시 실재적인 이익을 획득했다. 중·일 간 상생 협력하는 중요한 구성 요소였다"고 발언했다.[47] 상호 간에 온도 차이가 있는데, 중국 측은 엔차관 자체가 일본이 중국에 주는 호혜가 아니라 일본이 엔차관을 통해 중국 개발시장 및 상품시장에 진입하며 이익을 본 것도 사실이라며 그 의미를 격하했다.

중국 측은 또한 일본이 중국의 시장을 필요로 하는 것을 이해하고 있다. 그리고 트럼프 미 정권 이후 미·중 갈등이 격화되고 있는 일련이 상황 속에서 미국의 대중 디커플링을 극복하기 위해서라도 일본과의 기술 협력이 필요하다는 것도 이해하고 있다. 중국은 이런 이유로 일본과 함께 메가급 다자간 자유무역협정인 역내 포괄적 경제동반자협정(RCEP)을 발효시킨 한편, 미국이 빠진 포괄적·점진적 환태평양경제동반자협정(CPTPP)에도 가입 절차를 진행하고 있다.

중국은 역사적 트라우마가 깊다. 현재의 일본을 일본 그대로 보지 않고, 극복의 대상으로 보는 이유다. 중국은 제2의 세계 경제대국이다. 그러나 여

---

47 니케이신문(https://cn.nikkei.com/politicsaeconomy/politicsasociety/32753-2018-10-25-05-00-30.html?fbclid=IwAR0NkhGXhxd1qTM9vbyi7e1ScX8_xl9EdL7cRgnXxB9nZJ4EI1YB3IN4yfg).

기에 14억의 인구를 나눠 1인당 GDP를 보면 국제통화기금(IMF) 2020년 발표 기준 63위(1만 달러 상회 수준)로 개발도상국이다. 경제의 양(규모)은 크지만 경제의 질적 수준은 여전히 큰 과제다. 2010년 중·일 간 경제 규모의 역전에도 불구하고 중국이 일본 엔차관을 받은 이유다.

시진핑 정권에 들어 중국은 트럼프 미 정권을 경험하고 그 민족주의적 모습이 좀 더 강화됐다. 중국의 핵심 이익, 마지노선에서 벗어나면 경제적 보복도 서슴지 않는다. 1990년대 이후 일본이 상대적으로 정체된 가운데 2010년 중국의 경제가 일본을 추월하면서 중국은 그동안 감춰온 혼네(本音: 사람의 본마음)를 반일 시위, 대일 강경 노선, 민족주의 등으로 여과 없이 보여주고 있다. 덩샤오핑이 말한 그 당시의 세대보다 현명할 것이라던 현재의 세대는 도광양회가 아닌 중국몽을 외치고 있다.

그러나, 중국은 여전히 질적인 경제 발전을 실현해야 하고, 빈부 격차, 도시 간 격차 등을 해결해야 하는 내부의 구조적 과제가 산적한 것도 사실이다. 민족주의에 도취해 있지만, 여전히 내부 개혁이 필요한 시점에서 중국에 일본은 무엇일까. 미·중 전략 경쟁 시기에 미국 진영에서 가져와야 할 대마(大馬)일까, 아니면 미·중 양국 갈등을 해결하기 위한 지렛대(leverage)일까. 분명한 것은 중·일 관계는 이제 미·일 관계라는 구조 속에서 더 복잡한 셈법으로 자리매김하고 있다는 것이다. 중국의 국내 정치와 대외정책이 복잡하게 엮인 상황에서 시간 이슈(역사 문제), 공간 이슈(지정학적 문제) 등은 여전히 복합적으로 동아시아를 흔들고 있다.

유럽의 전략적인 규범 파트너, 일본*

황인정

유럽이 바라보는 일본, 어떻게 변해 왔을까?

유럽 국가들이 보는 일본은 어떤 나라일까? 유럽과 일본의 관계는 무역과 투자로 연결된 경제적인 관계가 주를 이루지만, 그 이면에는 정치적이며 문화적인 관계 또한 역사적인 뿌리를 가지고 발전해 왔다. 일본에 독일, 프랑스, 영국, 네덜란드 등 서유럽 국가들은 한때 근대화와 부국강병의 모델이었고, 제국주의 시기에는 아시아의 영토를 놓고 서로 경쟁하는 관계였다. 또한 19세기부터 20세기 초에 다양한 분야의 유럽의 예술가들 사이에서 일본의 문화가 유행했고, 현재까지도 '자포네스크(Japonesque)'라는 이름으로 유럽의 대중문화에 그 영향력이 남아 있는 것을 볼 수 있다.

세계대전과 냉전, 탈냉전기를 거치며 유럽과 일본의 관계도 달라지게 되는데, 1970~80년대까지 유럽 주요국들에 일본은 미국 다음의 경제대국이자 무역과 투자를 위한 경제 파트너로만 인식됐다. 이 시기에 서유럽 국가들은 미국 외의 국가들과 크게 정치적인 관계를 맺을 필요성이 없었다. 그러나

---
* 이 글은 2020년 대한민국 교육부와 한국연구재단의 지원을 받아 수행된 연구임(NRF-2020S1A3A2A02092791).

1990년대 초 냉전의 종식과 함께 다극 체제(multipolar system)가 도래할 것에 대한 예측이 팽배했다. 지속적 회원국 추가와 역내 협력 강화로 더 크고 강력해진 유럽연합(EU)은 정치적인 협력의 대상이자 국제 규범과 지역 협력의 전파 대상으로 일본을 포함한 비유럽권 국가들을 바라보기 시작했다. 이러한 시대적 배경에서 유럽과 일본의 정치적 관계를 전략적 파트너로 규정하는 '전략적 파트너십 협정(Strategic Partnership Agreement: SPA)'이 2011년에 맺어졌다. 2008년 세계 경제 위기, 2016년 미국 대선 이후 트럼프 대통령의 보호주의, 영국의 유럽연합 탈퇴라는 여러 큰 위기 상황을 잇따라 겪은 유럽연합은 '경제적 파트너십 협정(Economic Partnership Agreement: EPA)'을 통해 일본과의 경제적 협력 관계 확대도 꾀했다. 전략적 파트너십과 경제적 파트너십은 전후 유럽-일본 간 정치경제 관계의 점진적 발전의 결과물로 볼 수 있다.

이 글에서는 유럽의 관점에서 세계대전 종전 이후 유럽과 일본 간 관계 변화를 경제와 정치 관계에 초점을 맞춰 살펴본다. 유럽과 일본 관계를 이해할 때 특히 놓치지 말아야 할 것은 유럽과 일본 상호 관계의 중심에는 각각이 미국과 맺고 있는 안보동맹이 있다는 사실이다. 따라서 유럽과 일본이 서로를 바라보는 시각 역시 미국의 변화하는 국제정치 정책과 관점의 투영일 수 있음을 인식할 필요가 있다.

•••••••

냉전 시기의 일본-유럽 관계: 안보 이슈 부재 속 무역 갈등의 시대

유럽과 일본 관계에는 전략적인 안보 차원의 협력이 부재한다는 것이 냉전 시기 그리고 그 이후에도 일반적으로 공유되는 관점이었다. 미·일, 미·유럽 관계와 각각 비교했을 때에 일본 입장과 마찬가지로 유럽 입장에서도 서로는 가장 1순위의 안보 파트너가 아니라는 사실이 과거에도 명확했고, 현재에도 동일하다. 냉전 시기에는 특히 핵, 군비 등 전통적 안보의 개념만이 중요한 정치의 주제(high politics)로 고려됐기 때문에 1980년대까지의 일본과 유럽 간 관계는 거의 전적으로 무역에 집중된 경제적 관계로 규정지을 수 있다.

제2차 세계대전 종전 후 패전국이 된 일본은 요시다 독트린(Yoshida Doctrine)을 통해 경제적 역량 강화에 중점을 두고 안보는 미국에 전적으로 의존하는 전략을 세워 냉전 기간 내내 유지해 왔다. 한편 유럽 역시 미국의 안보 우산 아래에서 세계대전 종전 이후 전쟁의 상흔을 회복하는 동시에 지역 경제 협력의 범위와 정도를 확장해 나갔다. 벨기에, 프랑스, 이탈리아, 룩셈부르크, 네덜란드, 서독 6개국은 1951년 파리 조약을 통해 유럽석탄철강공동체(European Coal and Steel Community: ECSC)를 결성한 이후 1958년 로마 조약을 통해 유럽경제공동체(European Economic Community: EEC)를 결성하며 좀 더 긴밀한 경제 협력의 관계를 발전시켰다. 1970~80년대를 거치며 서유럽 대부분의 국가가 EEC의 회원국으로 통합되고, 1987년 단일유럽 의정서(Single European Act: SEA) 체결 등을 거치며 서유럽 주요국들은 명실상부한 경제 공동체로 발전해 왔다.

1950년대부터 시작돼 60년대를 거쳐 70년대 초반까지 이어진 일본 수출의 전성기에 유럽은 미국이 그러했듯이 일본의 세계 경제무대에서의 일본의 성장을 달갑게 바라볼 수 없었다. 일본이 미국의 안보 제공에 힘입어 세계 최강의 경제대국이 될 것에 대한 우려가 1970년대에 유럽에서도 절정에 달했다. 그럼에도 불구하고 지속된 일본의 수출 물결은 세계 경제의 가장 주요한 행위자였던 미국, 유럽, 일본 간의 무역 갈등에 불을 붙였다. 워싱턴과 브뤼셀은 일본의 전략이 자유무역의 규칙들을 오용했으며, 일본의 과도한 수출이 자국 시장에서 심각한 실업 증가를 초래했다고 주장했다. 일본은 이러한 주장에 대해 보호주의를 배격해야 하며 관세 및 무역에 관한 일반 협정(GATT) 규칙을 모두가 준수할 필요성에 대해 강조했지만, 결국 이 무역 분쟁은 일본이 무역 불균형 문제를 스스로 해결해야 한다는 미국과 유럽의 주장을 일본 정부가 수용하며 점차 갈등이 해소됐다. 구체적으로 일본의 다국적 기업들이 유럽과 미국에 현지 공장을 설립함으로써 실업 문제에 대해 적극 대처했다. 이를 통해 일본은 수출을 하향 조정하는 동시에 유럽 현지에서의 고용에도 기여하며 무역 분쟁의 여러 문제를 해결할 수 있었다.[48] 이는 냉전 상황에서 산술적인 경제 이해보다 정치 및 안보적 고려를 우선시한 결정이라고 볼 수 있다.

한편 1964년 경제협력개발기구(OECD) 가입으로 자신감을 얻은 일본은 북미, 서유럽, 일본을 '자유로운 민주주의 국가'의 세 축으로 규정하며 유럽과의 연대감을 드러냈다. 이케다 하야토(池田勇人) 총리(재임: 1960~1964)는 특히 유럽과의 긴밀한 협력 관계 구축을 한 축으로 하는 이 삼각 관계가 자유민주주의 세계의 질서를 유지하는 데에 필수적이라고 생각했다. 그러나 이러한 의견은 강력한 미·일동맹이 외교의 최우선순위로 여겨진 전후 일본 외교가에서 널리 공유된 생각은 아니었다. 오히려 이후 1970년대와 1980년대 일본-유럽 관계는 무역 분쟁과 이른바 '차가운 협력'으로 요약된다. 일본 정부는 무역 분쟁에서 유럽으로부터의 비판에 적절히 대처하고 분쟁을 잠재우기 위해 노력했다.[49] 그러나 유럽과의 경제 관계에서 상호 협력의 가장 중요한

---

[48] Hitoshi Suzuke, "The new politics of trade: EU-Japan," *Journal of European Integration* 39.7: 875-889(2017).
[49] Yuichi Hosoya, "The evolution of the EU-Japan ralationship: towards a 'normative partnership?,'" *Japan Forum* 24.3(2012).

이유가 됐던 공산주의 확산 저지라는 냉전 시기의 목적이 사라지면서 일본과 유럽의 관계도 새로운 동력에 대한 필요성이 제기됐다.

1990~2000년대: 전략적 관계의 시작

냉전 종식과 함께 1990년대 초중반부터 비전통적인 안보의 개념이 쏟아졌다. 탈냉전의 관점에서 안보 이슈는 국가 주도의 군사 영역에 한정되지 않고, 인간 안보, 환경, 인권 등의 개념을 모두 포괄한다. 이러한 배경에서는 조지프 나이(Joseph S. Nye, Jr.)가 말한 대로 '소프트 파워(soft power)'가 중요한데, 이것은 국제적인 행위자가 문화적인 또는 아이디어에 집중한 방법을 동원해서 간접적으로 다른 행위자의 행동과 이익에 영향력을 행사할 수 있는 능력이다.

냉전 이후에 안보를 전통적인 현실주의 입장이 아닌 포괄적이며 확장적인 개념으로 이해하는 시각에서 일본-유럽의 정치적 관계의 중요성 또한 상승했다. 유럽 입장에서는 그동안 경제 발전을 이루며 세계 경제의 주요 행위자로 떠오른 한국, 타이완, 중국 등 아시아의 신흥 강국들과의 관계를 새로 정립할 필요가 있었는데, 이 새로운 관계 정립에서 일본에 특정한 역할을 기대하게 된다. 특히 유럽은 중국의 빠른 경제 성장이라는 현실 앞에서 중국과의 우호적 관계를 강화하기 원했지만 한편으로 중국의 인권 탄압 문제 등에서 국제 규범의 가치를 아시아와 국제 정치의 장에서 함께 전파할 수 있는 파트너 국가를 필요로 했다. 1990년대 초반에 일본은 그러한 유럽의 기대를 충족할 수 있을 만한 거의 유일한 아시아 국가였다.

이러한 배경에서 당시 유럽공동체(EC)와 일본 정부는 1991년 7월 18일 '헤이그 선언(Hague Declaration)'에 공동으로 서명했다. 헤이그 선언을 통해 유럽공동체와 일본의 정상회담이 정례화됐기 때문에 외교적 시각에서 유럽-일본 관계의 큰 진전이라고 볼 수 있는 협정이었다. 또한 헤이그 선언에서 유럽과 일본이 민주주의, 평화, 법치, 인권 등의 국제 규범에 대한 이해를 공유하며, 이러한 가치들을 국제사회에서 전파하는 행위자로서의 정체성을 공유한다는 측면이 잘 강조됐다.

헤이그 선언 서문(preamble)

유럽공동체와 그 회원국, 그리고 일본은 자유, 민주주의, 법치주의, 인권에 대한 인식을 공유한다.

양측은 시장 원칙, 자유무역의 촉진 및 번영하고 건전한 세계 경제의 발전에 대한 공통의 인식을 확인한다.

양측은 상호 간 친밀한 관계를 상기시키고, 세계 전체의 상호 의존이 증대하고 있음을 인정하며, 결과적으로 국제 협력의 강화가 필요하다는 것을 인정한다.

양측은 세계의 안전, 평화 및 안정에 대한 공통의 이익을 확인한다.

양측은 세계 평화를 지키고 공동 공헌을 하기 위해 대화를 심화시키고 유엔 헌장의 원칙과 목적에 따라 안정된 국제 질서를 확립하고 국제사회가 직면해야 할 세계적 도전에 대처하는 것의 중요성을 인식한다.

양측은 유럽공동체가 경제 및 통화 분야, 외교정책 및 안보 분야에서 독자적인 정체성을 획득하고 있는 과정을 염두에 두는 동시에, 장래의 과제에 대응할 수 있도록, 대화를 강화하고, 협력과 파트너십을 강화하기로 결정했다.

자료: 유럽연합 외교 서비스(European External Action Service: EEAS) https://eeas.europa.eu/archives/docs/japan/docs/joint_pol_decl_en.pdf.

양측은 헤이그 선언이 유럽과 일본의 양자 관계 발전을 위한 초석이 되길 기대했지만 실제로는 마지못해 하는 중요성이 크지 않은 몇몇 프로그램에 대한 홍보 정도에 그쳤다. 1990년대의 유럽-일본 관계 발전의 예상을 밑도는 미미한 성과에 대해 유럽연합의 중국 및 아시아 전략에 원인을 돌리는 해석들이 존재한다. 유럽연합은 그동안 중국과의 파트너십을 상당한 정도로 발전시켰는데, 아시아와의 관계에 대해서는 이중적인 자세를 취했다는 것이다. 즉, 중국 및 동남아시아의 권위주의적 국가들과 경제적으로 우호적인 관계를 확대하되, 일본과의 관계를 통해 유럽연합의 '규범적 권력(normative power)'을 강화하려는 시도를 했다는 것이다.

클린턴(Bill Clinton) 미국 대통령이 1993년 아시아-태평양 경제협력(Asia-Pacific Economic Cooperation: APEC) 정상회담을 처음으로 개최한 이후, 유럽연합에서도 아시아에 영향력을 확대해야 한다는 시각이 본격화됐다. 1994년 7월 유럽연합은 처음으로 대(對)아시아 전략을 수립했다. 「새로운 아시아 전략을 향해(Towards a New Asia Strategy)」라는 문서에는 유럽연합이 세계 경제에서 유럽의 역할을 강화하기 위해서는 아시아에서 경제적인 존재감을 강화하는 것이 시급하다는 내용이 포함됐다. 이러한 시각은 2년 후 아시아-유럽회의(Asia-Europe Meeting: ASEM) 출범으로 현실화됐다.

그러나 유럽이 동아시아에 가지고 있는 제한된 영향력 때문에 유럽은 동아시아 지역에서 점차 강력한 파트너를 원하게 됐다. 중국의 부상(浮上)으로 인해 아시아에서 국제 규범에 대한 강조가 더욱 중요해졌기 때문이다. 냉전 후에도 여전히 유럽과 일본 모두에게 미국이 가장 주요한 파트너이지만, 유럽과 일본의 관계가 양측 모두에게 더 중요해졌다.

헤이그 선언 10주년을 맞아 2001년 12월 브뤼셀에서 유럽연합과 일본 정상은 '유럽연합-일본 간 협력을 위한 행동계획(Action Plan for EU-Japan Cooperation)'에 서명했다. 이 문서에서 양측은 지난 10년간 유럽과 아시아의 지정학적인 상황 변화를 인식하고 공동의 미래를 만들어 나가기 위해 국제 평화, 안보, 번영에 기여하기 위한 공통된 책임의 일환으로 앞으로의 협력을 강화하기 위한 어젠다를 수립한다고 밝혔다. 유럽연합과 일본은 서로의 지역에서 1991년부터 2001년까지 있었던 주요한 변화에 대해 5항과 6항에서 다음과 같이 밝혔다.

유럽과 아시아-태평양 지역의 변화

5. 우리는 지난 10년 동안 유럽과 아시아-태평양 지역에서 중요한 변화를 목격했다. 냉전의 종식은 역동적인 지역 간, 글로벌 협력을 위한 좋은 기회를 가져왔다. 유럽에서는 EU가 정치적 통합을 진전시켜 경제 통화 통합을 달성했다. 다른 이웃나라들 간의 안정과 번영을 도모하면서 회원 확대를 준비하고 있다. 유엔 헌장의 원칙에 따라 군사적, 민간의 수단을 모두 사용해 위기관리 정책을 수립하는 등 대외 행동 역량을 대폭 강화했다.
6. 아태 지역에서는 ARF, APEC 및 ASEAN+3가 지역 내 대화를 확대하고 있다. 아시아-태평양 지역의 지속적인 발전은 금융·경제 위기를 극복을 비롯해 세계 전체의 정치·경제 지형에 큰 영향을 미친다. 최근 EU와 일본의 정치 관계의 중요한 특징은 다자간 및 양자 간 지역 대화를 촉진하기 위한 협력 관계라는 점이다. 일본과 EU는 ASEM과 OSCE 등 지역 간 협력 관계를 장려하고 지원한다 ('유럽연합-일본 간 협력을 위한 행동계획' 중에서).

자료: 일본 외무성(https://www.mofa.go.jp/region/europe/eu/summit/action0112.html).

유럽연합은 1992년 체결된 마스트리히트 조약 이후 구 동구권 국가들을 회원국으로 받아들여 확장을 본격화했으며, 2002년부터 유로화를 공식적으로 도입함으로써 냉전 이후 명실상부한 지역의 헤게모니로서의 역할을 수행할 수 있기를 기대했다. 또한 아시아, 라틴아메리카, 아프리카 등의 지역협의체의 발전에도 많은 관심을 가지고 선구자로서 다자 협력의 모델이 될 것에 대한 기대를 2000년대에 본격적으로 드러냈다.

그러나 일본의 관점에서 보면, 2001년 상황에서 유럽과의 관계 발전보다는 미국에서의 9·11 테러 이후 변화하는 국제 질서에 대처하는 것이 우선순위였다. 일례로 앞서 언급한 '행동계획(Action Plan)'을 서명한 당일에 양측은 대테러 정책에 대해 상호 협력할 것을 밝힌 '유럽연합-일본의 테러리즘에 대한 성명(EU-Japan Joint Declaration on Terrorism)'을 함께 발표했다. 이 문서에서 유럽과 일본은 국제 테러와의 전쟁은 국제법 준수, 특히 유엔 헌장에 따라 지속적인 노력으로만 효력을 발휘할 수 있다는 데에 동의했다. 대테러 정책 분야에서의 협력이 행동계획보다 일본 정부에 의해 더 중요하게 다뤄졌다.[50] 고이즈미 준이치로(小泉純一郎) 당시 총리뿐 아니라 다른 일본의 주요 정치인들도 유럽과의 관계의 중요성에 대해 상대적으로 크게 인식하지 못했다. 군사력의 사용이 제한된 일본 입장에서는 국제 정치에서 미국만큼 중요한 파트너가 없다는 사실이 냉전 이후에도 유효했기 때문이다.

유럽과 일본의 관계는 2003년 미국의 이라크 침공에 대해 입장이 양분되면서 다시 한번 협력의 공고화가 지연됐다. 프랑스 등 서유럽 주요국에서 미국의 이라크와 아프가니스탄 침공에 반대를 표시한 반면 일본 정부는 미국에 적극적 지지를 표명함으로써 미국의 가장 든든한 우방으로서의 면모를 보였다.

---

50 Yuichi Hosoya, "The evolution of the EU-Japan ralationship: towards a 'normative partnership?,'" *Japan Forum* 24.3(2012).

2010년대~현재: 더욱 긴밀한 협력 동반자로

그러나 유럽과 일본의 관계는 예전의 어느 때보다 더 중요해지고 있다. 그것은 바로 1990년대부터 지속된 중국의 부상(浮上) 때문인데, 아시아에서 중국과 경제 협력 관계를 발전시키는 동시에 민주주의와 인권과 같은 규범을 확산하고자 하는 유럽연합(EU)의 목적이 상충한다. 이러한 상황은 유럽에는 매우 딜레마로 다가온다. 중국의 경제적 영향력과 시장이 커질수록 협력의 필요성도 증대하지만 동시에 규범의 위반에 대해 더 이상 좌시할 수 없는 상황이 전개되기 때문이다. 따라서 유럽 입장에서는 그 어느 때보다 이러한 규범들을 국제사회에서, 특히 아시아에서 함께 지켜나갈 파트너 국가가 필요하다. 유럽의 규범적 파트너십 국가에 대한 필요는 1990년대부터 존재했지만 아시아에서 그 필요성이 더욱 증대한 것이다.

규범과 규범적 파트너십

규범: '주어진 가치관을 공유하는 행위자들에게 적절한 행동이라고 여겨지는 표준'[51]

규범적 파트너십: 파트너십을 통해 양측 모두 국제사회에서 규범(예: 평화, 민주주의, 법치, 환경 보호, 인간 안보 등)을 공고화할 수 있다는 인식을 공유하는 집단 혹은 국가

규범적 권력을 자처하는 유럽연합에 평화, 자유, 민주주의, 법치, 인권 등

---

[51] Martha Finnemore & Kathryn Sikkink, "International norm dynamics and political change," *International organization* 52.4: 887-917(1998).

은 매우 핵심 가치다. 일본 역시 평화와 인권, 법치, 자유 등을 핵심 가치로 놓고 전후 외교를 추진해 왔다는 데에서 양측이 개발 협력, 기후 변화, 인간 안보 등의 영역에서 협력할 가능성이 매우 높다.

2010년대부터 현재까지 협력을 더욱 공고하게 추진해 온 유럽연합과 일본 관계는 2011년에 체결된 전략적 파트너십 협정(Strategic Partnership Agreement: SPA), 그리고 2019년 발효된 양측 간의 무역자유화협정인 경제적 파트너십 협정(Economic Partnership Agreement: EPA)을 통해 구체화됐다.

동반자 관계로의 전환: SPA

발전되고 산업화를 이룬 민주주의 체제로서 일본과 유럽연합은 서로 많은 이익을 공유하고, 국제연합(UN), 세계무역기구(WTO), G7, G20 등의 다자 외교의 장에서 긴밀히 협력해 왔다. 둘의 관계는 1970~80년대의 무역이 중심이 되던 관계에서 더욱 확장돼 왔다. 양측이 공유하는 기본 가치에 기반하는 SPA는 단지 정치적 대화와 정책 협력을 다룰 뿐 아니라 환경, 기후 변화, 개발 정책, 재난 구조, 안보정책과 같은 지역과 세계가 대응하고 있는 도전에 맞서 협력하는 것을 포함한다.

EPA 협상 과정 요약

2011년 5월	양측 정상은 정치·글로벌 등 분야별 협력을 포괄하는 구속력 있는 협정으로서의 SPA와 경제적 파트너십협정(EPA)을 위한 병행 협상 절차에 착수하기로 합의
2013년 3월	양측 정상은 전화 회담에서 SPA와 EPA/FTA의 협상을 개시하기로 결정

2017년 7월	EU 회원국 정상들과 일본 정상은 제24회 일·EU 정상회의에서 일·EU SPA와 EPA에 관한 기본 원칙들에 합의
2018년 2월	일-EU 외무대신 전화 회담에서 일-EU SPA 협상 합의
2018년 7월 17일	제25회 일-EU 정상회의에서 SPA가 체결

자료: 일본 외무성(https://www.mofa.go.jp/erp/ep/page22e_000707.html).

위의 표에서 보듯이 SPA는 느린 진행 과정을 거치며 체결됐다. 이는 유럽연합과 일본이 국제 규범의 확산이라는 원칙에는 분명하게 동의하지만, 양측이 각각 미국과 그리고 중국과 맺고 있는 이해관계가 일치하지는 않기에 발생한 지연이라고 볼 수 있다.

유럽연합은 지역주의와 국제 규범의 전파자로서 실제적으로는 미국에 안보를 의존하고 있지만 정치적으로 큰 틀에서는 미국과 중국의 위협에서 균형자의 역할을 추구하는 외교 노선을 견지해 왔다. 그렇기 때문에 중국과의 관계에서 특히 인권, 환경, 국제법 준수 등에서 강경한 입장을 적극적으로 취하는 것이 유럽연합의 노선과는 상충하는 면이 있다. 한편 아시아 지역공동체보다는 미국과의 양자 관계 공고화에 외교의 궁극적 목표를 두는 일본은 지리적으로 중국과 북한이라는 외부 위협이 가까이에 있기에 국제 규범의 강화를 중국 측에 요구하는 것이 자국의 이해와 일치하는 전략이다. 이러한 미국과 중국에 대한 양측의 입장 차는 영국의 유럽연합 탈퇴 이후로 더욱 가속화될 전망이다. 영국이 없는 유럽연합의 두 주축국인 프랑스와 독일은 세계 무대에서 유럽의 균형자 역할에 더욱 적극적이며, 궁극적으로 유럽의 군사안보 공동체 발전을 위한 계획이 필요하다는 데에 합의를 이뤘기 때문이다.

경제적 관계의 발전: EPA

유럽연합과 일본은 국제 무역에서 미국, 중국과 함께 가장 주요한 세력들이며, 유럽과 일본의 무역 관계는 상호적으로 매우 중요하다. 사실상의 유럽연합-일본의 자유무역협정인 EPA는 양측 모두의 성장을 유도하기 위한 도전적이고 포괄적인 약속으로 인식된다. 그러나 처음부터 양측이 EPA 협상에 적극적이었던 것은 아니다. 다자주의를 고수하며 양자 무역협정에 대해 부정적이던 유럽연합과 대규모 시장과의 자유무역협정(FTA) 체결에 미온적이던 일본은 트럼프 미국 대통령의 보호주의 정책과 영국의 유럽연합 탈퇴(브렉시트) 이후 입장을 선회해 EPA 협상이 본격화됐다.

유럽연합은 2008년 금융 위기 이후 경제 침체를 경험하며 경제정책의 구조적인 전환이 필요하며, 원칙적인 다자주의로부터의 전환도 이에 포함된다는 것을 문서로 밝혔다. 미국 부시(George W. Bush) 대통령이 2001년 이후 이미 세계무역기구를 통한 다자주의보다는 양자 무역자유화 협상에 본격적으로 나선 것을 고려할 때, 유럽의 이러한 전환은 세계적인 추세와 흐름에 따른 것이었다고도 볼 수 있다. 2010년 3월 유럽연합 집행위원회는 지난 10년간 역내 경제권의 성장 둔화와 실업률 증가 등 구조적 위기를 타개해야 함을 직시하고, 이를 위한 향후 10년의 신통상정책으로 '무역, 성장 및 세계문제: EU 2020 전략 핵심 무역정책(Trade, Growth, and World Affairs: Trade Policy as a Core Component of the EU's 2020 Strategy: Europe 2020)'을 발표했다.

유럽연합은 양자적 무역 관계 발전, 즉 FTA 체결의 대상국을 선정할 때, 유럽연합과의 무역량 이외에도 미국과 이미 FTA 협정을 개시한 국가를 우선으로 했다. 이는 미국과의 강도 높은 FTA 협상 과정에서 이미 비관세 부문에 대한 협정이 진행돼 이후 유럽연합과의 협상에서도 동일한 적용이 가능했기 때문이다.[52] 한국과 함께 일본은 경제 규모 및 유럽과의 교역 규모와 미국과의 FTA 협상 개시의 두 가지 기준을 모두 만족시키는 아시아 국가로 떠올랐다.

유럽연합-일본 무역

	EU 역내로 수입	일본으로 수출	균형
2018	59.6	57.8	-1.8
2019	62.9	61.1	-1.8
2020	54.9	54.5	-0.4

유럽연합-일본 서비스 교역

	EU 역내로 수입	일본으로 수출	균형
2018	14.1	25.9	11.8
2019	14.8	28.2	13.4
2020	16.2	30.9	14.6

자료: 유럽연합 집행위원회(https://ec.europa.eu/trade/policy/countries-and-regions/countries/japan/).

유럽연합과 일본의 EPA 협상은 공식적으로 2013년 3월 25일에 시작됐고, 유럽연합 집행위원회는 2016년과 2018년에 양측의 무역자유화의 가능한 결과에 대해 면밀한 조사보고서를 발표했다. 유럽연합 내부에서 극심하게 반대가 표출됐던 미국과의 범대서양 무역투자 협정(Transatlantic Trade

---

52 김현정, "EU신통상정책과 EU-아시아 경제협력: EU-일본 EPA 사례를 중심으로," 『통합유럽연구』 제12권 2호: 4-66(2021).

and Investment Partnership: TTIP), 캐나다와 포괄적 경제무역 협정(The EU-Canada Comprehensive Economic and Trade Agreement: CETA)의 체결 당시와 비교해서 일본과의 자유무역협정에 대한 역내의 반발은 농업과 자동차 등 주요 분야 모두에서 낮은 편이었다.[53] 동시에 특이할 만한 강력한 추진 요인 또한 존재하지 않았던 양측의 FTA는 뜻밖에도 외부 요인의 발생으로 협상의 속도가 높아지게 됐다.

첫 번째 외부 요인은 트럼프 정부의 다자주의로부터의 전면 철회다. 트럼프 정부하의 미국은 TTIP(유럽연합), CPTPP(일본) 탈퇴를 결정하고 우방과 동맹국을 가리지 않고 강력한 자국중심주의 정책을 펼쳤다. 특히 유럽연합은 2018년 3월 미 정부가 무역확장법 232조에 근거해, 모든 수입 철강 및 알루미늄에 각각 25%, 10%의 관세를 부과하겠다고 밝힌 이후 미국과의 교역 관계 개선에 난색을 표명했다. 이러한 상황 속에서 유럽연합은 일본과의 EPA 기본 협상의 타결을 발효함으로써 미 정부의 보호주의 정책 강화에 전략적으로 대응하는 모습을 보였다.[54]

두 번째로 EPA의 타결에 영향을 준 외부 요인은 2016년 6월 브렉시트(Brexit) 국민 투표를 통해 결정된 영국의 유럽연합 탈퇴다. 유럽연합 회원국에서 판매하기 위해 자동차의 생산 공장을 영국 현지에서 운영하던 일본의 주요 자동차 업체들은 영국이 유럽연합에서 탈퇴하면서 영국 현지 공장의 철수를 고려할 수밖에 없는 상황에 처하게 됐다. 따라서 일본 정부 입장에서는 유럽연합으로의 주요 수출품에 대한 관세 철폐를 하루빨리 협상하는 것이 필

---

53 Hitoshi Suzuke, "The new politics of trade: EU-Japan," *Journal of European Integration* 39.7: 875-889(2017).
54 김현정, "3차원게임이론의 관점에서 바라본 유럽연합의 FTA 협상 전략 및 정치: 한-EU FTA와 EU-일본 EPA의 비교를 중심으로," 『국제지역연구』, 제22권 2호: 81-110(2018).

요했다. 한편 유럽연합 역시 일본 등과의 자유무역협정 체결을 영국과의 브렉시트 이후 경제 조항에 관한 협상 시 지렛대로 이용할 수 있었기 때문에 EPA 협정을 빠르게 진척시킬 만한 동기를 충분히 가지고 있었다.

결국 2019년 2월 1일 유럽연합과 일본의 EPA가 발효됐다. 이는 총 6억 3천 5백만 인구와, 전 세계 GDP의 1/3에 가까운 교역에 영향을 미치는 거대한 자유무역협정의 시작이 됐다. 당시 유럽연합집행위원회 의장 장 클로드 융커(Jean-Claude Junker)는 EPA의 영향에 대해 다음과 같이 해석했다.

> "무엇보다도, 우리의 합의는 무역이 쿼터과 관세 그 이상이며, 또는 수백만, 수십억 금액으로 환산할 수 없다는 것을 보여줍니다. 무역은 가치, 원칙, 그리고 공정성에 관한 것입니다. 노동, 안전, 기후 및 소비자 보호와 같은 분야에서 우리의 원칙이 세계적인 기준임을 확실히 합니다. 수천 킬로미터 떨어진 곳에서 우정과 가치로 단결된 가장 자연스러운 파트너와 함께 일할 때에만 이런 것들이 가능합니다."[55]

포스트 코로나 시대 유럽-일본 관계

냉전 시기 유럽은 미국을 위협할 만한 제2의 경제 대국으로 성장한 일본을 경계하고 미국과 마찬가지로 무역 불균형 문제로 갈등을 빚었다. 냉전 이후 1990년대부터 달라진 국제 정치경제적인 상황 속에서 유럽은 아시아에

---

[55] European Commission, "EU-Japan trade agreement enters into force," January 31, 2019(https://ec.europa.eu/commission/presscorner/detail/en/IP_19_785).

유럽의 영향력을 확대하기 위한 파트너로 일본을 바라보기 시작했으며, 일본 역시 마찬가지로 점차 지역 통합의 대상과 영역을 확대해 온 유럽연합을 투자와 무역의 중요한 파트너로 인식하게 됐다. 또한 유럽연합과 일본은 민주주의와 시장경제 규칙, 인권 등의 세계 규범을 공유하는 공동체로서의 인식을 함께하는 전략적 파트너이기도 하다. 요약하자면 유럽과 일본은 각자의 이해관계에 따라 정치경제적으로 상호 협력 관계를 점진적으로 발전시켜 왔다고 볼 수 있다. 따라서 유럽이 일본과 미국과의 삼각관계에서 일본에는 무관심한 채 마지못한 파트너십(reluctant partnership)을 유지하고 있다는 것은 사실과 먼 주장이다.

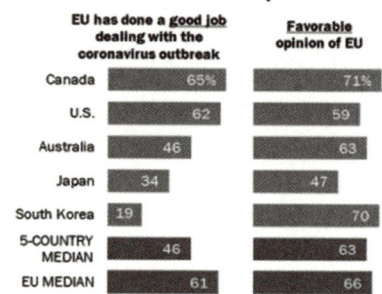

코로나 이후 유럽에 대한 인식 변화[56]

---

[56] Pew Research Center, "Attitudes toward the EU and European leaders from outside the region," November 7. 2020(https://www.pewresearch.org/global/2020/11/17/attitudes-toward-the-eu-and-european-leaders-from-outside-the-region/).

한편 코로나19 팬데믹을 겪으며 유럽 주요국에서 대응 실패와 민주주의에 역행하는 정부의 사회통제 등이 목도됐는데 이러한 현상은 포스트 코로나 시대에 유럽의 규범적 권력이 유지될 것인가에 관한 의문을 던지게 한다. 유럽의 소프트 파워 상실은 장기적으로 국제 규범에 바탕을 둔 유럽연합-일본과의 관계에도 향후에 영향을 줄 수 있을 것으로 보인다.

이러한 현상은 코로나 이후 유럽에 대한 인식에서 감지되기도 한다. 퓨리서치(Pew Research)에 따르면, 일본에서 유럽연합에 대해 호의적인 의견을 표현한 비율이 2019년에 60%에 비해 2020년 47%로 13% 하락했다(참고로 한국에서는 80%에서 70%로 10% 하락했음). 일본에서 유럽연합이 코로나 바이러스에 대처를 잘 했다고 응답한 비율이 34%였다. 이는 한국의 19%에 비해서는 비교적 후한 평가인 듯하지만, 조사를 실시한 서구 국가들(미국, 캐나다, 호주)에 비해서는 역시나 잘했다는 응답률이 낮은 편이다. 포스트 코로나 시대에 유럽연합과 일본 양측이 국내와 세계 무대에서 민주주의적인 가치 존중과 당면한 기후 변화 문제 등에 대해 규범 권력이라는 지향점에 걸맞은 행보를 보여줄 때 상호 관계 역시 더욱 긴밀하게 발전할 것으로 보인다.

멈춰 있는 북·일의 시계,
'조건 없는 대화'에 응하지 않는 북한

박형준

'과거사 청산' VS '납치자 문제'

북한과 일본 사이에는 일반적인 국가 관계와는 다른 독특한 특징이 나타나고 있다. 냉전과 탈냉전을 거치는 동안 과거 일본의 '식민 지배' 기억이 양국 관계의 한가운데 위치하며, 매우 제한된 관계 설정의 구조적 틀을 만들어 왔고, 이로 인해 주요 현안에 대한 해결을 어렵게 만들었다. 그럼에도 불구하고 한때 양국은 김정일 국방위원장과 고이즈미 준이치로(小泉純一郎) 총리 간 정상회담을 통해 '북·일평양선언'을 도출하는 등 국교 정상화를 위한 관계 개선의 움직임이 잠시 나타나기도 했다. 그러나 2014년 양측이 도출한 스톡홀름 합의 파기 이후 북핵·미사일 문제와 납치 문제가 본격적으로 제기되며, 대화 중단과 함께 경색 국면이 현재까지 이어지고 있다.

일본은 2002년 북·일 정상회담 당시 김정일 국방위원장이 일본인 납치를 인정한 이후 '납치 문제'를 국내 정치화하는 한편, 국제사회의 인권 중시 기류에 편승해 일본인 납치자 문제를 지속적으로 제기하며 북·일 관계 정상화의 선결 조건으로 내세우고 있다. 동시에 북한의 핵·미사일 개발로 인한 안보 위협에 대북 독자 제재로 응수하며 북한을 압박하는 형국이다.

반면 북한은 일본인 납치 문제의 '완전 해결'을 주장하는 한편, 일본 정부의 일제 강점기 학살·강제 연행·일본군 성노예 문제 등을 제기하며 일본의 과거 청산을 요구하고 있다. 또한 일본의 역사 왜곡, 재일조선인 차별, 군국주의화, 독도 영유권 주장, 후쿠시마 원전 오염수 방류 결정 등에 대한 대일 비난을 지속하고 있다.

이 글에서는 북한과 일본의 답보 상태가 지속되는 이유는 무엇인가? 관계 정상화의 가능성은 없는가? 북한은 왜 일본의 '조건 없는 대화'에 응하지 않는가? 등 최근 북·일 관계에서 제기되는 궁금증에 대한 해답을 찾고자 한다. 이를 위해 북한이 로동신문, 조선중앙통신, 외무성 등에서 밝히고 있는 일본 관련 주요 쟁점의 고찰을 통해 북한의 대일(對日) 인식을 살펴보고 북·일 관계 개선의 접점을 찾고자 했다. 그리고 북·일 관계의 특징, 향후 전망과 과제도 함께 살펴본다. 이 글을 통해 북·일 관계 전반에 대한 궁금증들이 해소되기를 기대한다.

북한의 대일(對日) 인식

(1) 북한 국가 정체성의 기반: 항일무장투쟁과 혁명 전통의 수립

북·일 관계 전반을 결정하는 핵심 요인은 북한의 일본에 대한 인식이다. 이와 함께 대내외 환경 변화가 영향을 미치며 복합적이고 다양한 특징을 띠고 있다. 북한의 대일 인식을 살펴보기 위해서는 먼저 북한이 일본을 어떻게

바라보고 있는지 알아보는 것이 필요하다.

북한은 반제국주의 혁명 노선에 따라, 일본을 제국주의 국가, 군국주의 국가, 철천지원수이자 타도의 대상 등으로 규정한다.[57] 그 배경에는 일제의 식민 지배로 핍박받았던 인민대중의 고통과 시련이 결정적인 영향을 미쳤다. 이에 따라 일본의 과거사 청산을 주장하는 한편 제국주의적 침략 야욕을 경계한다.

일본에 대한 제국주의적 시각과 관련해, 김일성 '항일무장투쟁'은 북한의 국가 정체성 전반을 관통하는 주요 통치 기제로 작동해 왔다. 이는 북한이 강조하고 있는 항일무장투쟁의 역사적 의의를 통해 확인할 수 있다.[58]

> "항일무장투쟁은 력사상 처음으로 주체사상의 혁명적 기치 밑에 진행된 영광스러운 민족해방전쟁이었으며 혁명군대가 아무런 국가적 후방도 정규군의 지원도 없이 강대한 적과 정면으로 싸워 이긴 세계에서 류례를 찾아볼 수 없는 간고하고 장기적인 혁명전쟁이었다."
>
> "당창건준비사업이 항일무장투쟁 및 반일민족통일전선운동과 밀접히 결합되여 힘있게 추진됨으로써 당 창건의 조직사상적 기초가 튼튼히 닦아지게 되였다."

---

57 '일본제국주의'는 "세계의 모든 제국주의자들과 더불어 전체 근로 인민대중과 식민지 핍압박 인민들의 온갖 불행과 고통의 화근이며 철천지원쑤로서 타도의 대상이다." 김일성, 「제국주의를 타도하자(타도제국주의동맹결성 모임에서 한 보고, 1926년 10월 17일)」, 『김일성전집 1』 (평양: 조선로동당출판사, 1995), 3쪽; 세종연구소 북한연구센터 엮, 『북한의 대외관계』 (파주: 한울아카데미, 1995), 160쪽.
58 『조선로동당력사』 (평양: 조선로동당출판사, 1991), 159-164쪽.

> "항일 혁명투쟁의 거세찬 불길 속에서 우리 당과 인민이 영원히 계승 발전시켜야 할 귀중한 혁명 전통이 이룩되였다."
>
> "조선혁명을 앞으로 힘차게 발전시켜 나갈 수 있는 주체적 력량을 튼튼히 마련한 데 있다."
>
> "주체의 혁명 전통은 우리 당과 혁명의 확고한 력사적 뿌리이며 주체의 혁명 위업을 완수해 나가는 데서 영원히 드놀지 않는 만년 초석으로, 우리 인민의 가장 귀중한 혁명적 재부로 된다. 우리 당은 이 위대한 혁명 전통을 견결히 옹호 고수하고 전면적으로 계승 발전시킴으로써 당의 위력을 끊임없이 강화하면서 주체의 혁명 위업을 수행해 나가는 전 과정에서 빛나는 력사적 성과들을 이룩할 수 있었다."

이처럼 북한은 해방 이전 항일무장투쟁을 혁명 전통 수립의 근간을 이룬 혁명전쟁으로 내세우고 있으며, 주체의 사상 체계(주체사상)와 공산주의적 혁명정신 확립에도 영향을 미친 역사적 성과로 평가하고 있다. 즉, 항일무장투쟁은 북한의 국가 정통성과 정체성을 수립하는 데 중추적인 역할을 했다고 볼 수 있다. 동시에 김일성의 항일무장투쟁 이력은 체제 결속과 북한 사회 내 반제국주의 기조의 확산, 김일성 자신의 유일 지배 체제 구축 및 강화에 결정적인 계기를 마련했다. 특히 '보천보전투'의 성과를 선전·선동하며 김일성을 신격화하고 권력을 강화에 나가는 데 적극 활용했다.

> **보천보전투**
>
> 보천보전투는 1937년 6월 4일 김일성이 이끄는 항일무장 유격대가 함경남도 갑산군 보천면 보천보의 경찰관주재소, 면사무소를 비롯한 일제의 통치기관들을 습격해 큰 전과를 올린 전투를 말한다. 당시 전투는 젊은 김일성을 한반도 전역에 알리는 계기가 됐고, 정권 수립 이후 김일성의 권력 강화, 반일 감정 형성을 통한 체제 결속의 중요한 기반이 됐다.

(2) 대일 적대(敵對) 이미지의 지속적 생산

북한은 대일 적대 이미지를 지속적으로 생산하며 비난의 목소리를 높이고 있다. 일본인 납치 문제의 '완전 해결'을 주장하며, 식민 지배 과거사 청산, 역사 왜곡, 독도 영유권 주장, 군국주의화 등의 문제들을 제기하며 대일 비난 기조를 유지하고 있다.

먼저 일본인 납치 문제와 관련해, 북한 외무성은 리병덕 일본연구소 연구원 명의로 일본인 납치 문제의 완전 해결을 주장하며, 일본이 대조선 모략 소동을 벌이고 있다고 비난했다.

> 6월 29일 일본이 미국, 오스트레일리아, 유럽동맹과 공동 개최하는 화상 토론회와 관련하여, "납치 문제는 우리의 선의와 노력에 의해 이미 되돌려 세울 수 없이 완전무결하게 해결되었다"고 밝히며, "일본이 구걸외교, 청탁외교를 일삼다 못해 이번에 유엔 무대에서까지 반공화국 모략 소동을 벌려놓고 있다."[59]

---
59 북한 외무성 홈페이지, 2021.06.15.

그리고 이와 관련한 기시다 후미오(岸田文雄) 신임 일본 총리의 일본인 납치 문제 언급에 대한 입장을 밝히며 일본 총리의 언행에 대해 경고했다.[60]

> "조일 관계에서 기본은 일본이 수백만 명의 조선사람을 대상으로 감행한 일본군 성노예 생활 강요, 강제 랍치 련행, 대학살과 같은 범죄를 비롯해 우리 민족에게 끼친 헤아릴 수 없는, 인적·물적·정신적 피해에 대한 사죄와 배상을 하는 것"임을 강조하며, …(중략)… "지금처럼 첫 단추부터 잘못 채우면 조일 관계는 더욱 짙은 암운 속에 빠져들게 될 것이라며, 일본 수상은 조일 관계와 관련한 언행을 신중하게 할 필요가 있다."[61]

다음으로 북한은 『조선중앙통신』 논평을 통해 일본의 독도 영유권 주장에 대한 입장을 밝히고 있다. '대륙 침략의 발화점을 마련하기 위한 불순한 책동', '독도를 무력으로 타고 앉으려는 위험한 기도' 등 제하의 논평을 통해 일본 정부가 2021년 외교청서에 독도를 '일본 고유의 영토'로 또다시 명기한 것에 대해 경고했다.

> "일본의 독도 강탈 책동이야말로 대륙 침략 발화점을 마련하기 위한 위험천만한 도발 책동·전쟁 책동"이라며 강하게 비판하며, "엄연한 현실을 감히 변경시키려는 그 어떤 시도에 대해서도 절대로 묵과하지 않으며 무자비한 대응으로 맞서 나갈 것이라는 것이 우리 겨레의 드팀없는 의지이

---

60 기시다 일본 신임 총리는 취임 후 첫 기자회견 모두 발언에서 북한의 일본인 납치 문제를 언급하며 "조건 없이 김정은 (북한) 국무위원장과 직접 마주할 각오"라고 밝혔으며, "납치 문제는 가장 중요한 과제"라고 언급.
61 북한 외무성 홈페이지, 2021.10.07.

다."[62]

> "일본의 영토 야망이 도수를 넘어섰음을 알리는 신호", "일본은 천년 숙적과 기어이 결산하려는 우리 인민의 의지를 똑바로 알고 함부로 날뛰지 말아야 한다."[63]

또한 일본 정부의 역사 왜곡을 비난하는 모습들도 보인다. 조선중앙통신은 '일본 내각관방 부(副)장관의 일본해 발언 등 역사 왜곡' 제하의 논평을 통해 '일본해' 유일한 국제적 공식 명칭 발언을 비난했다.[64] 북한은 2021년 3월 25일, 일본 사카이 마나부(坂井學) 관방 부장관은 '일본해'가 "국제적으로 확립된 유일한 호칭"이라는 취지의 발언을 하자, 이를 비난하는 논평을 냈다.

> "조선 동해 명칭은 바다 명칭 표기와 관련한 주요 국제 관례와 원칙인 력사주의적 관례, 대륙지명 우위의 관례, 지리학적 방위 기준의 관례 및 옛 식민지 잔재 청산의 관례에 비추어보아도 지극히 정당"하다고 언급
>
> "'일본해'야말로 일제의 식민지 통치 력사가 응결된 범죄적인 지명이며 군국주의적 팽창 정책의 산물, 제국주의 침략의 대명사임. 일본은 시대착오적인 력사 왜곡 책동과 령토 팽창 책동을 걷어치워야 한다."

---

62 『조선중앙통신』, 2021.05.13.
63 『조선중앙통신』, 2021.06.23.
64 『조선중앙통신』, 2021.04.08.

이 밖에도 '전시 성노예제'에 관한 보고서 발표 25주년(2021년)을 기념해 발표한 '조선일본군 성노예 및 강제련행피해자문제대책위원회 대변인' 담화와 일제의 패망 76년 담화 발표를 통해서 일본 정부의 역사 왜곡 문제에 대해 비난했다.

> "일본 정부는 과거의 모든 반인륜 범죄에 대한 반성과 배상을 끝까지 받아내려는 피해자들과 국제사회의 의지를 똑똑히 알고 더 늦기 전에 국제기구들의 권고와 피해자들의 요구에 부응하여 과거의 범죄 력사를 깨끗이 청산하는 데 나서야 할 것이다."[65]
>
> "우리는 일본이 지난 세기 40여년 간 우리 나라를 강점하고 조선 인민에게 헤아릴수 없는 인적, 물적, 정신적 피해를 준데 대하여 그리고 패망 후 수십 년 동안 우리 공화국을 적대시하고 재일동포들을 박해한데 대하여 끝까지 계산할 것이며 그 피의 대가를 기어이 받아내고야 말 것이다."[66]

이처럼 '조선일본군 성노예 및 강제련행피해자문제대책위원회 대변인 성명', '조선인강제련행피해자, 유가족협회 대변인 담화' 등을 통해 일본의 반인륜적 범죄행위를 소개하며, 북한 주민들의 공분을 이끌어 내고, 이를 체제 결속에 활용하고 있다.

한편 북한 외무성은 과거사 문제와 관련한 일본 정부의 답변서에 대해 외무성 일본연구소 상급연구원 명의로 입장을 발표했다.[67] 외무성 일본연구소

---
65 『로동신문』, 2021.04.29.
66 『로동신문』, 2021.08.15.
67 북한 외무성 홈페이지, 2021.05.11.

는 "일본군국주의가 감행한 성노예 범죄와 조선인 강제 련행 사실을 력사 속에서 지워버리려는 일본 정부 당국의 공공연한 력사 외곡 책동이 극치를 이루고 있다"고 비난하며, 이에 대해 "일본 정부가 '답변서'를 다시금 결정한 것은 국가적 책임을 회피하고 피비린내 나는 과거 범죄를 미화 분식하여 후대들에게 왜곡된 력사관과 복수주의를 주입하고 침략의 력사를 되풀이해 보려는 도전행위"로 판단했다. 이와 함께 일본의 군국주의 야망을 규탄하는 보도들도 확인할 수 있다.

북한은 올해로 일제가 패망한 지 76년이 됐음에도 여전히 자위대 실전화, 군사력 강화 등을 통해 '군국주의 부활' 책동에 매달리고 있다고 주장한다. 그리고 일본의 군비 증강 현황을 소개하며 일본의 군사력 증강을 비난했는데, 일본에 대해 여전히 군국주의와 제국주의적 야망을 지닌 것으로 인식한다.[68] 일본 당국의 2021 회계연도 예산에서 지금까지의 최고 액수인 5조 3,422억 엔을 군사비로 할당한 것을 비난하며, 일본 방위상의 '실효적 방위력 구축' 발언과 관련해 "군국주의 야망"이라고 주장했다.[69] 이 밖에도 일본의 2021년 방위백서에 대해 "백서가 아닌 재침 야망을 가리고 흑백을 뒤집어 놓은 검은 문서장"으로 판단했다.[70] 또한 일본의 2021년 추가 방위 예산안 결정, 미사일 능력 강화, 적기지 공격 능력 보유 노력 등을 재침 야망·군사 대국화 책동으로 간주하고 이에 대한 문제를 지속적으로 제기하고 있다.

---

68 『로동신문』, 2021.01.04.
69 『조선중앙통신』, 2021.05.26.
70 북한 외무성 홈페이지, 2021.06.05.

> "일본의 군사력 증대는 선제 공격 능력 보유에로 지향"하고 있으며, "군사대국화를 다그쳐 일본을 전쟁국가로 만들려는 현 집권 세력의 책동이다."[71]

이와 같은 북한의 대일 비난은 조국 해방 75주년(2020년)을 계기로 비난 수위를 높임으로써 북한 주민들의 '반일 의식'을 고취하기 위한 목적으로 볼 수 있다. 이와 함께 아베 신조(安倍晋三), 스가 요시히데(菅義偉), 기시다 후미오(岸田文雄) 총리의 군사력 강화 움직임, 일본 극우 세력의 야스쿠니 신사 참배, 일본군 성노예 범죄, 일제 강제징용 범죄 등의 역사 부정과 정당화, 중학교 교과서의 침략 역사 왜곡 등에 대한 일본 정부의 사죄와 배상을 지속적으로 촉구하고 있다. 특히 재일조선인들에 대한 일본 정부의 반인륜적 차별행위를 규탄하며 지속적으로 대일 비난 기조를 유지하고 있으며, 2021년 4월 일본의 원전 오염수 방류 결정 이후에는 이에 대한 규탄과 함께 오염수 방류 결정의 철회를 주장하고 있다. 하지만 북한의 이와 같은 행태는 납치 문제를 일본의 반인륜적 범죄행위와 동일시하며, 자기합리화에 방점을 두는 조치로 볼 수 있다. 이로 인해 납치 문제의 해결을 더욱 어렵게 만들고 있다.

---

71 『조선중앙통신』, 2021.12.14.

북한의 조국 해방 기념일(8월 15일), 대일 요구[72]

연도	형식	주요 내용
2018년	- 조선일본군 성노예 및 강제련행 피해자문제대책위원회, 일본군 '위안소' 목격자 증언 발표	- 일본군 위안소 진상 보고 - "일본의 과거 청산에 관한 책임을 끝까지 따질 것이며 조선 민족이 일본에 의해 당한 모진 불행과 고통, 수치와 피해에 대한 대가를 반드시 천백 배로 받아내고야 말 것"임.
	- 일본연구소 연구원 [논평] 발표, '언제까지 '평화' 간판으로 세계를 기만하려는가'	- "일본에서 평화에 대한 진정성은 과거 청산에 있으며, 실천이 없는 '평화' 치장은 세계에 대한 기만이고 우롱"일 뿐임.
	- 조선아시아태평양평화위원회 대변인 담화	- 한일병합조약(1910.8.22.) 108주년, 대일 과거 청산 촉구
2019년	- 조선인강제련행피해자, 유가족협회 대변인 담화	- "조선의 과거 피해자들과 유가족들은 과거 죄악에 대한 죄의식 없이 조선반도 재침 야망 책동을 단죄 규탄" - 과거 피해자들과 유가족들에게 진심으로 사죄하고 철저한 배상 촉구
2020년	- 외무성 홈페이지 발표 - 조선일본군 성노예 및 강제련행 피해자 문제대책위원회 대변인 성명(75주년 기념) - 조선인강제련행피해자, 유가족협회 대변인 담화	- 일본 정부의 과거 청산 요구 - 사죄와 배상 촉구 - '군국주의 부활' 책동 중단 - 우키시마호(浮島丸) 폭침 사건 사죄와 배상 촉구
2021년	- 조선일본군 성노예 및 강제련행 피해자문제대책위원회 성명	- 반인륜적 범죄에 대한 사죄와 반성 - 대북 적대시 정책과 제재 연장 조치 폐기 - 총련과 재일조선인들에 대한 부당한 정치적 탄압과 차별 철폐 - 과거 범죄 행위들을 미화 분식하고 정당화하는 파렴치한 행위의 중단

자료: 로동신문 참고 필자 정리.

---

[72] 『로동신문(2018년~2021년)』, 8월 15일 기사 정리.

'납치자 문제'의 태동(胎動)과 전개 과정

김일성 시기 북한은 일본과의 선린우호 정책을 강조하며 다방면으로 활동을 전개했다. 특히 1991년 북·일 수교 회담 당시 북한의 주요 목적은 탈냉전 이후 직면한 외교적 고립, 경제난, 에너지난 등 대내외적 위기 국면을 벗어나기 위해 과거사 문제를 담보로, 일본의 자본과 기술을 도입하기 위함이었다. 북한 입장에서 일본의 과거 청산 보상금은 경제난 해소 차원에서 상당한 매력으로 다가왔다. 반면 일본은 국제사회에서 영향력 확대와 동북아시아의 안정적인 현상 유지, 그리고 경제 분야의 대북 독자적 영향력 확보를 위해 북한과의 접촉을 시도했다. 양국은 수교 교섭을 위해 1991년 1월~1992년 11월까지 여덟 차례의 수교 회담을 개최했으나, 식민지 지배에 대한 사죄와 대일청구권, 일본인 납치사건, 북한의 핵 개발 의혹 등이 불거지며 회담이 결렬됐고, 관계 정상화를 위한 실질적인 후속 조치까지 이어지지 못했다.

이후 납치 문제가 본격화되기 시작한 것은 북한의 일본인 납치 인정으로부터 시작됐다. 2002년 9월 17일 평양에서 열린 북·일 정상회담에서 김정일 국방위원장이 일본인 납치 문제를 공식적으로 인정하고 재발 방지를 약속하며 '북·일평양선언'이 채택됐지만, 곧이어 10월 북한의 제2차 핵 위기 발발과 이로 인한 일본 내 여론 악화로 공동선언의 모멘텀(momentum)이 유지되지 못하고 중단됐다. 게다가 2004년 11월 북한이 일본에 전달한 납치 피해자 '요코타 메구미'의 유골이 가짜라는 것이 밝혀지면서 아베 총리를 중심으로 한 대북 강경파의 입지가 강화됐고, 일본은 「특정 선박 입항 금지 특별조치법」을 제정하기에 이른다. 또한 2006년 6월 일본인 납치 문제 해결을 '국가의 책무'로 규정한 「북한 인권법」을 제정하며 북한에 대한 대북 압박 수위를 높여 나갔다.

이처럼 일본이 대북 강경 입장으로 선회하자, 북한은 '평양선언' 당시 합의했던 '미사일 발사 유예' 조항을 불이행하며 2006년 7월 대포동 2호 발사와 10월 제1차 핵실험을 실시했다. 그러자 일본은 유엔 안보리 결의안 제1718호 채택을 주도하는 한편 단독 제재를 실시하는 등 적극적인 대북 강경 정책을 추진했고, 조총련에 대한 교통과 인적 교류 차단, 대북 무역 차단과 금융 제재 등을 실시하며 해외 자금의 북한 내 유입을 차단했다.

'납치자 문제' 해결 노력: 북·일 정상회담(2002)과 스톡홀름 합의(2014년)

북한과 일본은 북·일 정상회담과 스톡홀름 회담을 통해 '일본인 납치 문제' 해결을 위한 노력을 기울여 왔다. 2002년 9월 17일 개최된 북·일 정상회담에서 김정일 국방위원장과 고이즈미 총리가 '평양선언'을 채택하고 4개 항에 합의했다. 그 배경은 2001년 출범한 미국 부시(George W. Bush) 행정부가 대량살상무기 개발을 빌미로 북한을 '악의 축(axis of evil)'으로 규정하며 대북 압박 기조를 강화하자, 이에 전방위적 위기에 직면한 북한이 체제 위기를 극복하기 위한 조치로 일본과의 관계 개선을 모색한 것에서 기인한다. 즉, 북·미 관계 개선의 차선책으로 북·일 관계 개선을 통해 경제적 지원과 이득을 꾀하고자 했으며, 동시에 미국과 한국을 압박하고자 했던 것이다.[73] 반면 일본

---

[73] 진창수, 「일본의 대북 정책: 민주당 정권과 자민당 정권은 차이점이 있는가?」 (성남: 세종연구소, 2014), 8쪽.

은 자국민의 납치 문제 해결을 통해 고이즈미 총리의 국내 정치적 지지율 상승에 주요한 목적이 있었다. 이처럼 양국의 이해관계가 맞물려 '북·일 평양선언'을 채택하며 관계 개선을 위한 노력을 기울였다.

북·일 정상회담 모습
김정일 위원장과 일본 고이즈미 총리(2002.09.17)

한편 김정은 집권 이후 북·일 관계 개선을 위한 기회의 창이 열리는 계기가 다시 한번 만들어졌다. 2014년 5월 28일 스톡홀름 합의를 계기로, 북한은 '납치피해자 조사특별위원회'를 구성했고, 일본은 대북 독자 제재의 일부 해제, 북한 당국자의 입국 금지 등 인적 왕래 규제의 해제, 10만 엔 이상 현금 반출 및 300만 엔 이상 송금 신고 의무의 해제, 인도주의적 목적의 북한 선박 입항 금지 해제 등의 조치를 취하며, 납치 문제의 해결과 국교 정상화를 위해 노력했다. 하지만 2014년 12월 일본이 유엔에 북한 인권 결의안을 제출(2016년 3월 채택)하자, 북한은 스톡홀름 합의를 이행하고 있는 상황에서 일본이 납치 문제 해결 합의를 어겼다며 정부 간 대화 중단을 선언했다. 그리고 북한이 제4차 핵실험을 단행하자, 일본은 스톡홀름 합의 이후 해제했던 독자 제재를 재실시했고, 이후 양국은 대화가 중단된 채 냉각 국면이 지속되고 있다.

북·일평양선언(2002년 9월 17일)

〈북·일평양선언의 내용〉
1. 국교정상화 교섭 재개 추진
2. 일본의 과거사 반성과 대북 경협 제공
3. 유감스런(납치 등) 사태의 사과와 재발 방지
4. 핵 문제 해결을 위한 국제적 합의 준수 및 미사일 발사 유예

스톡홀름 합의(2014년 5월 28일)[74]

스톡홀름 합의는 2014년 북한과 일본이 국교 정상화와 납치 피해자 문제 해결을 대가로, 2014년 송일호 북한 북일국교정상화 교섭 담당 대사와 이하라 준이치(伊原純一) 일본 외무성 아시아대양주국장 간 외교적 합의다.

[북한 조치]
1. 잔류 일본인과 납치 피해자 등 모든 일본인에 대한 조사의 포괄적·전면적 실시
2. 모든 분야에 대해 동시 병행적 진행
3. 특별한 권한(모든 기관을 대상으로 조사를 행할 수 있는 권한)을 가진 '특별조사위원회'의 설치
4. 조사 및 확인 상황의 일본 측에 수시 통보, 일본인 유골 처리와 생존자 귀국을 포함한 거취 문제에 관해 일본 측과 적절히 협의
5. 납치 피해자 및 행불자 수시 통보, 일본인 생존자 발견 시 귀국 조치를 위한 협의 진행
6. 일본 측 관계자의 북한 체류, 관계자 면담, 관계 장소 방문 등 관련 자료의 공유와 조치 실시

---

74 신정화, "냉전 이후 일북 관계의 시대별 특징: 동북아시아 정세, 국가목표, 국내정치세력," 『일본공간』, 19호(국민대학교 일본학연구소, 2016), 186-188쪽.

> 7. 조사의 신속성과 기타 제기되는 문제에 대한 지속 협의와 조치 실시
>
> [일본 조치]
> 1. '북·일 평양선언'에 기반한 국교 정상화 실현 의사 표명 및 신뢰 조성 노력
> 2. 북한의 특별조사위원회를 통한 납치자 조사 개시 시점에 인적 왕래 규제 조치, 송금 보고 및 휴대수출 신청 금액 등의 북한에 대한 특별 규제 조치를 해제하고 인도주의 목적의 북한 국적 선박의 일본 입항 금지 조치 해제
> 3. 일본인 유골 및 묘지 처리, 성묘 방문과 관련해 협의와 조치 실시
> 4. 과거 행불자들에 대한 계속 조사와 적절한 조치 실시
> 5. 재일 조선인의 지위와 관련한 문제는 북·일 평양선언에 따라 성실히 협의
> 6. 조사 과정에서 제기되는 문제들의 확인을 위한 양측의 자료 공유 등 적절한 조치 실시
> 7. 적절한 시기에 북한에 대한 인도적 지원의 실시 검토

수령의 '무오류성'과 납치 문제의 '완전한 해결' 주장

'일본인 납치 문제'에 대한 북한의 일관되고 공식적인 입장은 "이미 해결됐다"는 입장이다. 2002년 9월 평양을 방문했던 고이즈미 총리와 회담한 김정일 국방위원장이 일본인 납치 사실을 처음으로 인정하고 사과하면서 북한의 납치를 확인했지만, 북한은 일본에 돌아간 5명을 제외한 나머지 12명 중 메구미 등 8명은 사망했고, 4명은 북한에 들어온 사실이 없다며 해결할 납치 문제가 없다고 주장했다. 또한 2014년 스톡홀름 합의를 계기로 납치 문제의 '완전 해결'을 주장하고 있다.

북한의 납치 문제 완전 해결 주장

"일본이 그토록 떠드는 납치 문제는 이미 되돌릴 수 없게 다 해결된 것으로서 더는 논의할 여지조차 없다." 오히려, "우리 인민에게 감행한 천인공노할 반인륜 범죄부터 성근히 사죄하고 철저히 배상해야 한다"(조선중앙통신 논평)[75]

"스가 요시히데(菅義偉) 정권이 아베(전 총리)의 본을 따서 납치 문제에 미련을 갖고 여기저기에 구걸하는 해괴한 놀음을 벌이고 있다"며 "다시 한번 명백히 하건대 납치 문제는 우리의 성의와 노력에 의해 이미 되돌려 세울 수도 없이 완전무결하게 해결됐다"(북한 외무성 소속 일본연구소 리병덕 연구원)[76]

이처럼 북한이 납치 문제의 '완전 해결'을 주장하며, 일본의 '조건 없는 대화' 제의에 응하지 않고 있는 이유는 수령의 '무오류성'과 관련지어 살펴볼 수 있다. 북한에서 수령의 지위는 절대성을 띠고 있기 때문에 수령의 방침과 교시는 무조건 관철시켜야 한다는 '유일사상'을 원칙으로 하고 있다. 따라서 최고지도자의 결정은 아주 신중하며, 실수와 오류, 번복이 없는 완벽한 정책 결정을 의미한다. 김정일 시기 북한이 국제사회의 비난과 국가 정체성의 훼손을 감수하면서까지 '납치자 문제'를 인정한 것은 당시 대내외적 상황을 고려한 전략적 선택이었다. 하지만 2014년 당시 김정은의 권력 체제가 공고화되지 않은 시점에서 일본인 납치 문제에 대한 재논의는 선대 수령(김정일)과 김정은 위원장의 결정 사항의 번복을 의미하는 것으로, 북한이 강조하는 수령의 무오류성 논리에 큰 타격이 아닐 수 없다. 즉, 북한에서 절대적인 지위와 권력을 지닌 수령의 무오류성이 훼손되고 흠집 나는 것은 체제 결속 차원

---
75 『조선중앙통신』, 2021.02.02.
76 북한 외무성 홈페이지, 2020.09.30.

에서 상당한 부담으로 작용할 수 있기 때문에 완전 해결을 주장한 것으로 볼 수 있다.

한편 일본 정부가 공식으로 인정하는 납치 피해는 12건 17명이고, 이 가운데 고이즈미 전 총리의 2002년 방북 후에 귀환한 5명을 제외한 12명은 미해결 상태라는 입장이다.

자료: 『동아일보』(2014.11.07).

특히 북한이 일본 정부의 요청에 따라 메구미의 유골을 일본으로 보냈지만, DNA 검사 결과 다른 사람으로 판명됨에 따라 북한에 납치자 문제 처리에 대한 강한 불신을 가지게 됐다. 이후 일본은 납치자 문제를 국제사회의 인권 문제로 이슈화하기 위해 2018년 싱가포르 북·미 정상회담에서 아베 총리는 일본인 납치 문제의 해결을 의제로 제안했지만, 특별한 성과는 없었다. 2020년 5월 8일 아베 총리는 납치 문제 해결과 관련해 "조건을 붙이지 않고 북한 김정은 조선노동당 위원장과 직접 마주한다는 결의는 변함이 없다"고 밝혔다. 그리고 2021년 10월 취임한 기시다 총리 역시 일본인 납치 문제를 김정은 위원장과의 직접 만남을 통해 해결하겠다는 의지를 피력했지만, 일본인 납치 문제의 선(先) 해결 없이는 북·일 간 관계 정상화 불가 입장을 밝혔다. 이에 대해 북한은 해결할 납치 문제가 없다는 기존의 입장을 되풀이함으로써 냉각 관계가 지속되고 있다.

북·일 관계의 특징: 관계 개선 요인의 부재

북·일 경색 국면의 장기화 속에서 최근 보여지고 있는 북·일 관계의 특징은 관계 개선을 위한 접점이 부재하다는 점이다. 먼저 북한의 대중(對中) 무역 의존도 증가와 일본의 경제·기술 지원의 상대적 불필요성이 현재 북·일 관계의 개선을 어렵게 만드는 주요한 원인이다. 1990년대 초 북한은 한국의 대외 정책 변화와 탈냉전에 영향을 받으며, 외교적 고립, 안보 위기, 경제난 타개(고난의 행군) 등 생존을 위해 일본과의 관계 개선을 적극적으로 모색했던 시기가 있었다. 이전까지 중국은 북한의 주요 지원국이었으나, 본격적인 개혁개방 정책의 추진을 위해 미국과의 관계 개선을 모색할 수밖에 없었고, 이어서 한·중 수교(1992년)를 맺자 북한과의 관계가 멀어졌다.

한편 북한은 중국의 경제적·외교적 지원을 기대하기 어려운 상황에서 중국이 아닌 다른 출구를 마련해야 하는 상황이었고, 외교 다변화를 꾀하는 동시에 경제적 지원과 협력의 대상으로 일본을 선택했던 것이다. 반면 당시 일본은 북한과의 관계 개선을 통해 동북아 신질서 형성의 유리한 지점을 선점하겠다는 전략적 사고로 접근했다. 이처럼 당시에는 양측이 이해가 맞물리면서 관계 개선을 위한 공감대가 형성됐고, 이에 따라 탈냉전을 기점으로 북·일

> **고난의 행군**
>
> 북한은 1990년대 초 탈냉전으로 인해 중국과 소련의 정치·경제적 지원이 끊기자, 외교적 고립, 경제난, 식량난, 에너지난 등 대내외적 위기 상황에 빠지게 된다. 게다가 1994년 북한 체제 지속의 구심점 역할을 했던 김일성이 사망하자, 체제 이완을 막기 위해 주민들의 희생과 투쟁을 독려하기 위해 김정일이 내놓은 당적 구호다.

간에는 상호 적대적 갈등 관계를 청산하고 국교 정상화를 위한 새로운 움직임이 나타났다.

하지만, 현재 상황은 과거 경험처럼 관계 개선을 위한 유인(誘因)이 부재하다. 북한의 경우, 코로나19 발생 이전 북한의 대중 무역 의존도가 90%를 상회하는 상황에서 굳이 자신들의 국가 정체성(항일무장투쟁과 혁명 전통, 반제국주의 타도)을 훼손하면서까지 일본으로부터 경제 및 기술 교류 등을 지원받기 위한 관계 개선의 필요성이 상대적으로 감소했기 때문이다. 특히 수령의 '무오류성'을 중시하는 북한 체제의 특성상, 이미 외교적 합의를 이룬 납치자 문제를 재협상한다는 것이 김정은 리더십에 흠집을 내는 중대한 사건으로 판단할 수 있다. 따라서 납치자 문제의 '완전한 해결'을 주장하며, 일본의 '조건 없는 대화' 제의에 무반응으로 일관하고 있다. 결국 과거와 같이 북·일 국교 정상화의 매력을 느끼지 않는 것으로 볼 수 있다.

다음으로 북·일 관계 개선의 핵심 쟁점인 '일본인 납치 문제'에 대해 극명하게 상반된 입장이 관계 정상화를 어렵게 만들고 있다. 특히 '정상 국가화'를 추구하고 있는 북한의 입장에서 인권 문제와 연계된 '납치자 문제'는 국제 사회에서 북한의 활동 범위를 제약하는 요인으로 작용할 수 있기 때문이다.

또한 혹시라도 생존해 있는 납치 피해자가 일본으로 귀국할 경우, 북한 내 인권 탄압의 실체가 드러날 가능성도 있기 때문에 북한은 이를 사전에 차단해야 하는 상황이다. 따라서 북한은 '일본인 납치 문제'는 이미 해결된 사안으로 인식하며, 현 기시다 총리의 대화 제의에 일고의 가치도 없다는 태도로 일관하고 있다. 반면 일본은 보편적 가치와 관련된 인권 문제를 국제사회에 꾸준히 제기하고 있는 상황이다. 기시다 내각은 '일본인 납치 문제'를 가장 중요한 현안으로 보고, 김정은 위원장과의 '조건 없는 만남'을 통해 납치 문제를 해결하겠다는 입장을 밝혔다. 이처럼 납치 문제에 대한 북한의 딜레마와 양국의 극명한 인식차로 해결 기미가 보이지 않고 있다.

한편 북한의 계속되는 미사일 시험 발사와 일본의 안보 위협이 상충하고 있는 점도 북·일 관계 개선을 어렵게 만드는 또 다른 요인이다. 일본은 '북핵 및 미사일 문제'도 주요 해결 사안으로 북한의 핵 보유에 강한 우려를 표하고 있으며, 북한 동해상에서 진행되는 미사일 시험 발사를 최대 안보 위협으로 간주하고 있다.[77] 2022년 1월 17일 기시다 총리의 시정방침 연설에서 "북한의 거듭되는 탄도미사일 발사는 결코 용납할 수 없다. 북한 미사일 기술의 현저한 향상을 이대로 보고만 있어서도 안 된다"며 북한의 미사일 위협을 심각하게 인식했다. 그리고 이에 대한 대응으로 대북 독자 제재를 실시하며, 북한을 압박하고 있다. 반면 북한은 제8차 당대회에서 수립한 군사 부문의 목표를 관철하기 위해 미사일 시험과 무기 개발을 계속하고 있다. 북한은 이와 같은 조치를 국가방위력 강화를 위한 정당한 조치임을 주장하며, 주권국가의

---

77 일본은 2021년 3월 25일 북한이 동해상으로 시험 발사한 탄도미사일과 관련해, 북한의 비핵화 및 탄도미사일 폐기에 진척이 없는 상황 및 일본인 납치 문제도 미해결을 들어 대북 제재 조치의 2년 연장을 결정했다. 일본 정부는 북한의 핵실험 및 탄도미사일 발사를 문제 삼아 유엔 안전보장이사회 차원의 제재와는 별개로 2006년부터 대북 압박정책으로 독자적인 제재를 시작했다. 초기에는 수입 및 수입 관계 선박의 입항 금지에 국한했던 제재 범위에 2009년부터 수출 금지를 추가하는 등 제재 수위를 높여 2년 단위로 연장해 왔다.

정상적인 활동으로 규정하고 있다.

이 밖에도 북한이 대내 문제에 집중하고 있는 현 상황이 소극적 대처에 머무르고 있는 원인이 될 수 있다. 왜냐하면, 북한은 제8차 노동당 대회 이후 경제 분야 및 코로나19 방역에 모든 역량을 집중하고 있으며, '미국의 대북 적대시 정책 폐기 후 대화 재개'의 기조를 유지하는 상황에서 적극적인 대화 추진에 제약이 있기 때문이다. 특히 2021년 12월 개최된 당 중앙위원회 제8기 제4차 전원회의 결과, 식량 문제와 코로나19 방역 문제를 가장 비중 있는 의제로 다뤘고 "사회주의 농촌 문제의 올바른 해결에 대한 중요성을 언급하며, 사회주의의 전면적 발전을 위한 투쟁의 중요 조건"으로 제시했다. 이처럼 북한은 식량 문제를 비롯한 경제정책과 코로나19 방역사업을 정책 우선순위에 놓고 내치에 집중하고 있다. 한편 남북 및 한·일 관계 경색으로 인한 협력 네트워크의 부재도 지적할 수 있다. 기시다 내각에 들어서도 한국과의 협력이 원활하지 않은 상황, 그리고 남·북 관계의 침체가 지속되는 상황에서 한국 정부가 적극적으로 나서 북·일 관계 개선 또는 협력을 유인할 만한 요인들을 찾기 어려운 상황이 전개되고 있다.

북·일 관계 전망과 과제

앞서 살펴본 바와 같이, 향후 양국 관계를 촉진시킬 만한 특별한 이슈가 없고, 북·일 간 주요 이슈인 '일본인 납치자 문제'가 평행선을 달리고 있는 점을 고려할 때, 단기간 내 북·일 관계가 개선되기는 어려울 것으로 보이며, 북한은 대일 비난 기조를 계속 이어나갈 것으로 전망된다.

북·일 관계가 답보 상태를 계속하고 있는 가장 큰 원인은, 근본적인 문제 해결 노력 없이 양측의 주장이 평행선을 달리고 있기 때문이다. 특히 북한의 과거사 문제와 일본의 납치자 문제는 접점을 찾기 상당히 어려운 의제다. 과거사 사죄와 배상, 역사 왜곡 등 역사 문제와 인권 문제, 일본의 대북 독자 제재 등의 문제가 얽혀 있어 상당히 복잡하다. 다른 한편으로 북·일 관계는 북·미 대화가 재개되고 실질적인 관계 개선이 선행돼야 일정 부분 진전이 가능한 측면이 있지만, 일본의 북·미 관계 개선을 기다리는 수동적인 외교 전략으로는 상호 호혜에 기반한 양국 관계를 만들어 나가기 어렵다. 따라서 기본적으로 북·미 관계 개선을 전제로 식민지 지배 사죄와 배상, 역사 문제와 인권 문제, 일본의 대북 독자 제재 등과 관련된 다양한 문제들을 포괄할 수 있는 접점을 찾을 필요가 있다.

한편 최근 북한이 조국 해방 기념일(76주년)에서 밝힌 대일 요구 사항은 ① 반인륜적 범죄에 대한 사죄와 반성, ② 대북 적대시 정책과 제재 연장 조치 폐기, ③ 총련과 재일조선인들에 대한 부당한 정치적 탄압과 차별 철폐, ④ 과거 범죄 행위들을 미화 분식하고 정당화하는 파렴치한 행위의 중단 등으로 비교적 분명하다. 따라서 일본이 진정으로 북한과 관계 정상화를 이루고자 한다면, 이와 관련한 문제부터 접근하는 것이 필요하다. 물론 이는 지극히 주관적인 북한의 요구 사항이고, 일본 또한 쉽사리 풀기 어려운 문제다. 따라서 현실적인 해결 방안으로 그나마 덜 정치적인 일본의 조총련 차별 및 인도적 지원 문제부터 접근하는 방안이 고려될 수 있다. 동시에 민간 교류를 통한 문화적 이해의 장도 마련해야 한다. 이는 양국 국민 간 화합과 신뢰를 쌓을 수 있는 교류 협력을 장려하고 추진해야 함을 의미한다. 특히 김정은 위원장은 '총련'에 대한 지속적인 관심을 표명하며, 일본 정부의 총련 탄압을 비난하고 있다. 그는 총련을 "정다운 한 식솔·미더운 해외 혁명동지"라고 언급하며, 끊임없는 관심과 애정을 과시했고 총련 간부들을 최고인민회의 대의원으로 선출하기도 했다. 또한 현재까지 김일성, 김정일, 김정은 등이 재일동포 자녀들을 위해 보낸 교육원조비와 장학금은 모두 166차에 걸쳐 일본 돈으로 486억 6,033만 390엔에 달할 정도로 교육 분야에 아낌없는 지원을 지속하고 있다.[78] 이처럼 김정은 위원장의 총련에 대한 애정을 고려할 때, 이를 적절히 활용하는 방안을 모색해야 할 것이다.

결국 북·일 관계 정상화를 위해서는 접근하기 쉬운 문제부터 분야별로 세분화해 쟁점화하는 한편 단계별 합의와 실천적 이행을 통한 상호 신뢰를 구축하는 일이 우선돼야 한다. 이는 협상 과정을 거치며 양국이 소통을 유지한다는 점에 큰 의미가 있다. 이와 함께 양측의 적극적인 관계 개선 노력이 수반돼야 한다. 그러기 위해서는 일본의 대화 제의와 동시에 선결 조건을 제시하는 일방적인 외교정책 또한 지양해야 한다. 북한은 일본이 과거사 정리와 배상을 하기 전에 납치자 문제를 덮어둘 것이 아니라, 각 의제별·사안별로 해결하는 자세가 필요해 보인다. 일본도 마찬가지로 북핵 문제의 해결 전에 북한과 우선순위 의제를 가지고 개별 협상을 진행해 나갈 필요가 있다.

---

[78] 『조선중앙통신』, 2020.05.23.

저자 소개

✽ 진창수

일본 도쿄대학교 정치학 박사. 세종연구소 소장을 지냈으며, 현재 세종연구소 수석연구위원, 일본연구센터 센터장으로 재직 중이다. 주요 연구 분야는 일본의 경제와 정치이며, 저서로는 『일본의 정치경제: 연속과 단절』, 『한국 일본학의 현황과 과제』, 『일본 정치경제의 효율성과 경쟁력 제고』, 『1990년대 구조불황과 일본 정치경제시스템의 변화』, 『일본 민주당 정권의 탄생과 붕괴: 대내외정책 분석을 중심으로(공저)』, 『일본 국내 정치가 한일관계에 미친 영향: 민주당 정권을 중심으로』 등이 있다.

✽ 이창민

일본 도쿄대학교 경제학 박사. 도쿄공업대학 조교수와 후쿠오카현립대학 조교수를 거쳐 현재 한국외국어대학교 융합일본지역학부 및 국제지역대학원 일본학과 교수로 재직 중이다. 현재 한국외국어대학교에서 '현대일본경제론', '근현대일본경제사', '한일경제관계의 이해' 등을 가르치고 있다. 주요 연구 분야는 일본 경제와 경영, 일본을 비롯한 동아시아 경제사, 한일경제관계 등이다. 저서로는 『아베노믹스와 저온호황』, 『대전환 시대의 한일관계(공저)』, 『아베 시대 일본의 국가전략(공저)』, 『제도와 조직의 경제사(번역서)』, 『戦前期東アジアの情報化と経済発展』, 『지금 다시, 일본 정독: 국뽕과 친일, 혐오를 뺀 냉정한 일본 읽기』 등이 있다.

✽ 이기태

일본 게이오대학교 정치학박사. 현재 통일연구원 평화연구실 연구위원으로 재직 중이다. 주요 연구 분야는 일본의 외교안보정책, 한일관계, 북일관계 등이며, 저서로는 『한일 관계의 긴장과 화해(공저)』, 『'일본회의'와 아베 정권의 우경화(공저)』, 『아베 시대 일본의 국가전략(공저)』, 『전후 일본 패러다임의 연속과 단절(공저)』 등이 있다.

주저앉는 일본, 부활하는 일본
소장학자들의 새로운 시선

❖ 임은정

미국 존스홉킨스대학 고등국제학대학원(SAIS) 국제관계학 박사. 모교인 SAIS에서 한국학 강사, 리츠메이칸대학 국제관계학부 조교수를 거쳐 현재 국립공주대학교 국제학부 부교수로 재직 중이다. 현재 국립공주대학교에서 '국제관계론', '비교 및 글로벌 거버넌스', '글로벌 거버넌스와 정치 행정' 등을 가르치고 있다. 주요 연구 분야는 동아시아 국제관계, 핵비확산과 원자력 정책, 에너지 안보 및 기후변화 대응 정책 등으로, 참여한 주요 저서로는 『Foreign Perceptions of the United States under Donald Trump』, 『Greening East Asia: The Rise of the Eco-developmental State』, 『질서의 충돌, 움직이는 패권』, 『탄소중립과 그린뉴딜: 정치와 정책』 등이 있다.

❖ 윤석정

일본 게이오대학 법학연구과 정치학 박사. 동 대학 한국연구센터 연구원, 국민대학교 일본학연구소 연구원을 거쳐 현재 국립외교원 일본연구센터 연구교수로 재직 중이다. 주요 연구로는 「일본의 적기지 공격 능력 보유 문제: 분석 및 함의」, 「문재인-스가 정부 시기의 한일관계: 평가 및 전망」, 「1965년 체제와 아베 정권의 보통의 한일관계 만들기: 12·28 합의, 강제동원 문제 사례를 중심으로」, 「2020년 도쿄 올림픽과 아베의 올림픽: 부흥 올림픽, 헌법 개정 그리고 올림픽 연기」, 「청년세대(MZ 세대)와 일본군 '위안부' 문제」, 「1990년대의 한일관계와 한일공동선언: 한일관계의 구조 변동에 의한 탈냉전기 협력과 제도화 시도」 외 다수의 논문이 있다.

저자 소개

❈ 석주희

이화여자대학교 정치학 박사. 연세대 동서문제연구소 연구원, 일본 도쿄대학 특별연구생, 게이오대학 객원연구원을 지냈으며, 한림대 일본학연구소 HK연구교수, 대전대 글로벌문화콘텐츠학 조교수를 거쳐 현재 동북아역사재단 연구위원으로 재직 중이다. 주요 연구 분야는 정치사회와 해양정책이며, 주요 논문으로는 「전후 일본 우익의 복원과 정치사회적 배경: 60년 안보투쟁과 사회운동」(『국제정치연구』, 23, 2020), 「신우익의 등장과 '일상적 내셔널리즘'의 탄생」(『민족연구』, 75, 2020), 「일본의 국경낙도 제도와 대응: 정부·지자체·민간단체를 중심으로」(『일본공간』, 29, 2021) 「중·참의원 의사록(1948~2020)에서 나타나는 시마네현·돗토리현 지역구 의원의 독도 관련 발언 및 인식」(『국제학논총』, 34, 2021) 등이 있다.

❈ 이수훈

고려대학교 국제관계학 박사. 고려대학교 일민국제관계연구원 연구교수와 국제학부 GKS연구교수를 거쳐 현재 한국국방연구원(KIDA) 선임연구원으로 재직 중이다. 주요 연구 분야는 미국 외교·안보정책, 한미동맹, 미중관계, 국제안보이며, 저서로는 『트럼프 행정부의 대중정책 연구: 안보·국방 분야를 중심으로』, 『바이든 행정부의 아태지역 안보·국방정책: 국제정치이론의 적용』, 『트럼프 이후의 중간선거: 정당 양극화와 미국의 분열(공저)』, 『트럼프의 퇴장?: 2020년 미국 대통령 선거의 평가와 전망(공저)』, 『World Politics: 미국 국내정치와 외교정책(공저)』, *American Presidential Elections in a Comparative Perspective*(공저), *The Oxford Handbook of South Korean Politics*(공저) 등이 있다.

주저앉는 일본, 부활하는 일본
소장학자들의 새로운 시선

❀ 이창주

중국 상하이 푸단대 외교학 박사. KMI 현지연구원, 세종연구소 객원연구위원을 거쳐 현재 아주대 정치외교학과 강사로 재직 중이다. 현재 아주대학교에서 '중국정치', '중국의 대외관계' 등을 가르치고 있다. 저서로는 『일대일로의 모든 것』, 『동북아 신 네트워크』, 『시진핑 집권 2기의 이슈와 전망(공저)』, 『미국 바이든 행정부 시대 미중 전략경쟁과 한국의 선택 연구(공저)』, 『갑오: 120년 전 뉴스 일러스트로 본 청일전쟁(역서)』 등이 있다.

❀ 황인정

미국 뉴욕주립대학교 정치학 박사. 현재 성균관대학교 좋은민주주의연구센터에서 SSK 전임연구원으로 재직 중이다. 주요 연구 분야는 서유럽과 한국의 정당과 선거, 사회운동, 민주주의 발전 등이며, 주요 논문으로는 「Who defends democracy and why? Explaining the participation in the 2016~2017 candlelight protest in South Korea」, 『Democratization』, 28(3): 625-644 등이 있다.

❀ 박형준

동국대학교 북한학 박사. 동국대학교 북한학연구소 DMZ평화센터 일반연구원과 조선대학교 사회과학연구원 박사 후 연구원(Post-doc)을 거쳐 현재 건국대학교 GLOCAL 캠퍼스 교양대학 교수로 재직 중이다. 주요 연구 분야는 북한의 대외 관계(북·미, 북·중), 남북관계, 통일정책, 외교·안보 등이며, 저서로는 『남북한 군사 충돌로 본 분단 70년사(공저)』, 『한국학과 조선학, 그 쟁점과 코리아학 2(공저)』 등이 있다.

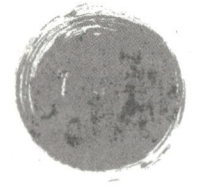

주저앉는 일본, 부활하는 일본

소장학자들의 새로운 시선